U0602742

普通高等教育"十二五"规划教材

高职高专经济管理类专业任务驱动、项目导向系列化教材

会计原理与技能习题与实训

主 编 何华芬

副主编 褚红梅 朱丽洁

国防工业出版社

·北京·

内 容 简 介

本习题集是《会计原理与技能》的配套教学用书。习题包含七个教学项目,分别是会计职业认知与职业环境;记账方法之入门——借贷记账法;记账方法之应用——以制造业基本经济业务为例;会计基本技能一——会计凭证填制;会计基本技能二——会计账簿登记;会计基本技能三——错账更正与财产清查;会计基本技能四——会计报告编制。通过七个项目的训练,便于学生反复巩固所学知识,举一反三,从而从不同侧面加深对教材内容的理解和掌握。书中习题和教材的项目模块对应,各项目习题内容紧扣教材内容,书后提供习题参考答案,便于学生自学和测试自己掌握知识的程度。

图书在版编目(CIP)数据

会计原理与技能习题与实训 / 何华芬主编. —北京:
国防工业出版社,2012.8
ISBN 978 – 7 – 118 – 08237 – 1

Ⅰ. ①会… Ⅱ. ①何… Ⅲ. ①会计学 – 高等职业
教育 – 教学参考资料 Ⅳ. ①F230

中国版本图书馆 CIP 数据核字(2012)第 151674 号

※

*国防工业出版社*出版发行

(北京市海淀区紫竹院南路 23 号 邮政编码 100048)
北京奥鑫印刷厂印刷
新华书店经售

*

开本 787×1092 1/16 印张 10¾ 字数 246 千字
2012 年 8 月第 1 版第 1 次印刷 印数 1—4000 册 定价 21.00 元

(本书如有印装错误,我社负责调换)

国防书店:(010)88540777   发行邮购:(010)88540776
发行传真:(010)88540755   发行业务:(010)88540717

前言 preface

本书是根据《会计原理与技能》编写的配套辅助教材，是学习会计原理与技能的必备图书。本书是按照高职高专教育人才培养目标的要求，以课程标准为统领指导，以《会计原理与技能》主教材为基本依据编写的，在体系和结构上与主教材一致。

本书突出对实务操作的训练和基本技能方面的培养，使学生通过练习加深对会计学基本知识的理解，能更快掌握实务操作技能，更好地胜任会计工作岗位。本书既可作为在校学生学习基础会计课程练习用书，也可作为在职财会人员业务学习、岗位培训的参考书。

由于编者水平有限，加上时间仓促，不妥乃至错误在所难免，敬请读者提出批评和建议，以使本书不断充实、完善。

目录 |contents|

项目一　会计职业认知与职业环境 …………………………………………………… 1
项目二　记账方法之入门——借贷记账法 …………………………………………… 3
项目三　记账方法之应用——以制造业基本经济业务为例 ………………………… 25
项目四　会计基本技能一——会计凭证填制与审核 ………………………………… 55
项目五　会计基本技能二——会计账簿登记 ………………………………………… 69
项目六　会计基本技能三——错账更正与财产清查 ………………………………… 89
项目七　会计基本技能四——会计报告编制 ………………………………………… 105
参考答案 ……………………………………………………………………………… 114
项目一　会计职业认知与职业环境 …………………………………………………… 114
项目二　记账方法之入门——借贷记账法 …………………………………………… 115
项目三　记账方法之应用——以制造业基本经济业务为例 ………………………… 123
项目四　会计基本技能一——会计凭证填制与审核 ………………………………… 135
项目五　会计基本技能二——会计账簿登记 ………………………………………… 139
项目六　会计基本技能三——错账更正与财产清查 ………………………………… 145
项目七　会计基本技能四——会计报告编制 ………………………………………… 152
附录　会计基础工作规范 …………………………………………………………… 154
参考文献 ……………………………………………………………………………… 166

项目一 会计职业认知与职业环境 1

一、**单项选择题**(下列每小题备选答案中,只有一个符合题意的正确答案。请将选定答案的编号,用英文大写字母填入括号内)

1. 近代会计的显著标志是(　　)。
   A. 产生了管理会计
   B. 复式记账法的应用
   C. 以货币为主要计量单位
   D. 会计职能的不断完善
2. 会计的基本职能是(　　)。
   A. 核算和监督
   B. 预测和决策
   C. 核算和分析
   D. 分析和控制
3. 会计核算的主要计量单位是(　　)。
   A. 实物计量
   B. 时间计量
   C. 劳动计量
   D. 货币计量
4. 会计对象是企事业单位的(　　)。
   A. 资金运动
   B. 经济活动
   C. 经济资源
   D. 劳动成果
5. 金额为¥1100.10元,大写金额正确的是(　　)。
   A. 人民币壹仟壹佰零零元壹角零分整
   B. 人民币壹仟壹佰元壹角零分整
   C. 人民币壹仟壹佰元壹角整
   D. 人民币壹仟壹佰元壹角

二、**多项选择题**(下列每小题备选答案中,有两个或两个以上符合题意的正确答案。请将选定答案的编号,用英文大写字母填入括号内)

1. 会计的职能包括(　　)。
   A. 会计核算
   B. 会计监督
   C. 会计预测
   D. 会计决策
2. 下列属于会计核算方法的有(　　)。
   A. 填制与审核凭证人
   B. 编制会计报表
   C. 财产清查
   D. 会计分析
3. 会计核算常用的数据载体有(　　)。
   A. 原始单据
   B. 记账凭证
   C. 账簿
   D. 会计报表
4. 会计法规体系包括(　　)。
   A. 会计法律
   B. 会计行政法规
   C. 会计部门规章
   D. 会计规范性文件
5. 会计核算程序主要包括会计要素的(　　)等环节,完成对特定会计主体经济活动的记账、算账、报账。
   A. 确认
   B. 计量

    C. 记录   D. 报告

6. 会计监督职能是指会计人员在会计核算的同时,对经济活动的(　　)进行监督。

    A. 合法性   B. 合理性

    C. 收益性   D. 时效性

三、判断正误(请在每小题后面的括号内填入判断结果,正确的用"√"表示,错误的用"×"表示)

1. 会计是社会生产力发展到一定水平的必然产物。 （　　）
2. 会计核算过程中只能使用货币一种计量单位。 （　　）
3. 会计方法就是指会计核算方法。 （　　）
4. 预留银行印鉴是指企业财务专用章。 （　　）
5. 会计对象是指经济组织在社会再生产过程中的资金运动。 （　　）
6. 从事会计工作的人员必须取得会计从业资格证书才能上岗。 （　　）
7. 《企业会计准则——具体准则》属于会计部门规章。 （　　）
8. 会计职业技术职务分为初级会计师、中级会计师和高级会计师三种。 （　　）
9. 会计数字大写金额最后必须写一个"整"字。 （　　）
10. 有条件的单位应当独立设置财务会计部门,并保证其工作的独立性。 （　　）

四、综合题

    凡事预则立,不预则废,人的职业生涯也是如此,确定一个明确的奋斗目标,寻找一条清晰可行的发展路径,全身心的付诸于行动,可以让你的学习生活更加充实,可以为实现你的理想奠定坚实的基础。请根据会计专业的特点,收集社会对会计专业的需求分析及企业对会计人员的能力与素质分析相关素材,认真撰写一篇职业生涯规划书,要求该规划书目标明确,分析透彻,规划合理,实施可行,文字不少于2000字。

一、单选选择题(下列每小题备选答案中,只有一个符合题意的正确答案。请将选定答案的编号,用英文大写字母填入括号内)

1. 企业资产以历史成本计价而不是以现行市价或清算价格计价,依据的会计核算基本前提是( )。
   A. 会计主体　　　　　　　　　　　B. 持续经营
   C. 会计分期　　　　　　　　　　　D. 货币计量

2. 下列关于所有者权益说法不正确的是( )。
   A. 所有者权益是一种剩余权益
   B. 所有者权益在数量上等于资产减去负债后的余额
   C. 所有者权益就是实收资本(或股本)
   D. 收入的增加会导致所有者权益的增加

3. 下列项目属于企业经营成果会计要素的是( )。
   A. 主营业务收入　　　　　　　　　B. 收入
   C. 其他业务收入　　　　　　　　　D. 成本

4. 关于会计主体假设说法正确的是( )。
   A. 会计主体就是投资者
   B. 会计主体与法律主体是同义语
   C. 会计主体是会计核算和监督的特定单位或组织
   D. 会计主体假设明确了会计工作的时间范围

5. 在会计核算的基本前提中,确定会计核算空间范围的是( )。
   A. 会计主体　　　　　　　　　　　B. 持续经营
   C. 会计分期　　　　　　　　　　　D. 货币计量

6. 宏达公司购买红星工厂的甲产品,并当即以银行存款支付了价税款。在这一业务中,记录银行存款增加的会计主体是( )。
   A. 宏达公司　　　　　　　　　　　B. 宏达公司会计员
   C. 红星工厂　　　　　　　　　　　D. 红星工厂总经理

7. 下列项目中属于企业流动资产的是( )。
   A. 机器设备　　　　　　　　　　　B. 原材料
   C. 商标权　　　　　　　　　　　　D. 预收账款

8. 计算应交的所得税,这项经济业务引起的变化是( )。
   A. 一项负债增加,另一项负债减少　　B. 一项负债增加,一项费用增加
   C. 一项负债增加,一项资产增加　　　D. 一项负债增加,一项所有者权益减少

9. 资产通常按流动性分为( )。
   A. 有形资产与无形资产　　　　　　B. 货币资产与非货币资产

    C. 流动资产与非流动资产   D. 本企业资产与租入的资产

10. 下列各项目中属于资产的是(　　　)。
    A. 应付账款   B. 预付账款
    C. 预收账款   D. 应付利润

11. 下列不属于负债的特点的是(　　　)。
    A. 是过去的交易、事项所构成的现时义务
    B. 是企业拥有或控制的经济资源
    C. 是企业未来经济利益的流出
    D. 能以货币计量,是可以确定或估计的

12. 下列属于资产的特点的是(　　　)。
    A. 将导致企业未来经济利益流入
    B. 反映企业在一定时期所取得的经营成果
    C. 将导致企业未来经济利益流出
    D. 是过去的交易、事项所构成的现时义务

13. 费用是指企业与销售商品、提供劳务等日常活动所发生的(　　　)。
    A. 经济利益的流出   B. 生产费用
    C. 财务耗费   D. 经济损失

14. 关于企业利润构成,下列表述不正确的是(　　　)。
    A. 企业的利润总额由营业利润和营业外收支净额两部分组成
    B. 营业利润 = 主营业务利润 + 其他业务利润 − 销售费用 − 管理费用 − 财务费用
    C. 其他业务利润 = 其他业务收入 − 其他业务成本
    D. 净利润 = 利润总额 − 所得税费用

15. 下列经济业务中,影响会计等式两边金额同时发生变化的是(　　　)。
    A. 以银行存款 50000 元购买材料   B. 购买机器设备 20000 元,货款未付
    C. 结转完工产品成本 40000 元   D. 收回客户所欠的货款 30000 元

16. 下列经济活动中,引起资产和负债同时减少的是(　　　)。
    A. 以银行存款偿付前欠货款   B. 购买材料货款尚未支付
    C. 收回应收账款   D. 接受其他单位捐赠新设备

17. 下列经济活动中,引起负债之间彼此增减的是(　　　)。
    A. 收回应收账款,存入银行   B. 向银行借入款项直接偿还应付账款
    C. 用银行存款偿还长期负债   D. 用现金支付职工工资

18. 下列经济活动中,引起所有者权益之间彼此增减的是(　　　)。
    A. 收回应收账款,存入银行   B. 收到股东的现金投资
    C. 用银行存款偿还长期负债   D. 资本公积转增资本

19. 某企业本期期初资产总额为 10 万元,本期期末负债总额比期初减少 1 万元,所有者权益比期初增加 3 万元。该企业期末资产总额是(　　　)。
    A. 9 万元   B. 13 万元
    C. 10 万元   D. 12 万元

20. 下列能引起所有者权益总额增加的情况是(　　)。
    A. 资产与负债同增　　　　　　　　B. 资产与负债同减
    C. 资产增加,负债不变　　　　　　　D. 资产减少,负债增加

21. 某企业发生一笔广告费,但尚未支付,这项经济业务对会计要素的影响是(　　)。
    A. 费用增加,负债增加　　　　　　　B. 费用增加,负债减少
    C. 负债增加,所有者权益增加　　　　D. 负债增加,资产减少

22. 某公司资产总额为 200 万元,当发生下列三笔经济业务后:
    (1) 向银行借款 20 万元存入银行
    (2) 用银行存款偿还应付账款 15 万元
    (3) 收回应收账款 10 万元存入银行
    其权益总计为(　　)。
    A. 205 万元　　　　　　　　　　　　B. 235 万元
    C. 230 万元　　　　　　　　　　　　D. 245 万元

23. 某公司的所有者权益为 10 万元,即(　　)。
    A. 该公司的投入资本为 10 万元
    B. 该公司的资产总额为 10 万元
    C. 该公司的权益总额为 10 万元
    D. 该公司的净资产总额为 10 万元

24. 某企业月初资产总额为 1600 万元,负债总额为 600 万元,所有者权益总额为 1000 万元。当月购入设备一台,价值 10 万元,款项未付。企业相关会计要素的金额变为(　　)。
    A. 资产与所有者权益各为 1610 和 1010 万元
    B. 资产与负债各为 1610 和 610 万元
    C. 资产总额不变
    D. 负债和所有者权益金额未变

25. 下列各项业务中,会引起企业所有者权益总额发生变动的是(　　)。
    A. 用盈余公积转增实收资本
    B. 用盈余公积弥补亏损
    C. 提取盈余公积
    D. 董事会决定向投资者分配利润(现金股利)

26. 下列经济业务中,会引起企业的资产和所有者权益变化的是(　　)。
    A. 企业以银行存款购买存货
    B. 企业以银行存款支付应付现金股利
    C. 投资者以现金投资企业
    D. 企业将资本公积转增资本

27. 某企业 2009 年度利润总额为 8 万元,年末结账后资产总额 22 万元,负债总额 8 万元,资本公积 2 万元,盈余公积 1 万元,未分配利润 1 万元,则实收资本为(　　)万元。
    A. 8　　　　　　　　　　　　　　　　B. 12
    C. 42　　　　　　　　　　　　　　　　D. 10

28 企业向银行借入款项,表现为(　　)。

    A. 一项资产减少,一项负债减少　　　　B. 一项资产减少,一项负债增加

    C. 一项资产增加,一项负债减少　　　　D. 一项资产增加,一项负债增加

29. 企业接受投资的业务属于(　　)类型。

    A. 资产内部此增彼减　　　　　　　　　B. 资产与所有者权益同增

    C. 资产与负债同增　　　　　　　　　　D. 所有者权益内部此增彼减

30. 经济业务发生仅涉及负债这一会计要素时,两个负债项目将会(　　)变动。

    A. 同减　　　　　　　　　　　　　　　B. 一增一减

    C. 同增　　　　　　　　　　　　　　　D. 无

31. (　　)是对会计对象进行的基本分类,是会计核算对象的具体化。

    A. 会计账户　　　　　　　　　　　　　B. 会计科目

    C. 会计要素　　　　　　　　　　　　　D. 会计主体

32. 某企业资产总额为500万元,负债为100万元,以银行存款50万元偿还借款,并以银行存款50万元购买固定资产后,该企业资产总额为(　　)万元。

    A. 400　　　　　　B. 300　　　　　　C. 450　　　　　　D. 200

33. 某企业权益总额80万元,如果发生下列经济业务:①收到外单位投资8万元,存入银行;②用银行存款偿还企业的应付债券2万元;③收到到期兑现的商业汇票实得款项5万元,并存入银行,企业负债和所有者权益总额应该是(　　)万元。

    A. 87　　　　　　B. 86　　　　　　C. 91　　　　　　D. 89

34. 会计科目是指对(　　)的具体内容进行分类核算的项目。

    A. 经济业务　　　B. 会计要素　　　C. 会计账户　　　D. 会计信息

35. (　　)不是设置会计科目的原则。

    A. 重要性原则　　　　　　　　　　　　B. 合法性原则

    C. 相关性原则　　　　　　　　　　　　D. 实用性原则

36. 对会计要素具体内容进行总括分类、提供总括信息的会计科目称为(　　)。

    A. 总分类科目　　　　　　　　　　　　B. 明细分类科目

    C. 二级科目　　　　　　　　　　　　　D. 备查科目

37. “预付账款”科目按其所归属的会计要素不同,属于(　　)类科目。

    A. 资产　　　　　　　　　　　　　　　B. 负债

    C. 所有者权益　　　　　　　　　　　　D. 成本

38. “预收账款”科目按其所归属的会计要素不同,属于(　　)类科目。

    A. 资产　　　　　　　　　　　　　　　B. 负债

    C. 所有者权益　　　　　　　　　　　　D. 损益

39. “资本公积”科目按其所归属的会计要素不同,属于(　　)类科目。

    A. 资产　　　　　　　　　　　　　　　B. 负债

    C. 所有者权益　　　　　　　　　　　　D. 损益

40. “主营业务收入”科目按其所归属的会计要素不同,属于(　　)类科目。

    A. 资产　　　　　　　　　　　　　　　B. 成本

    C. 所有者权益　　　　　　　　　　　　D. 损益

41. "管理费用"科目按其所归属的会计要素不同,属于(   )类科目。

    A. 资产   B. 负债

    C. 损益   D. 成本

42. "制造费用"科目按其所归属的会计要素不同,属于(   )类科目。

    A. 资产   B. 负债

    C. 损益   D. 成本

43. 下列会计科目中,(   )属于成本类科目。

    A. 其他业务成本   B. 生产成本

    C. 管理费用   D. 主营业务成本

44. 目前我国采用的复式记账法主要是(   )。

    A. 收付记账法   B. 借贷记账法

    C. 增减记账法   D. 来去记账法

45. 在借贷记账法下,账户的贷方用来登记(   )。

    A. 收入的增加或费用(成本)的增加

    B. 收入的增加或费用(成本)的减少

    C. 收入的减少或费用(成本)的增加

    D. 收入的减少或费用(成本)的减少

46. 权益类账户的余额一般在(   )。

    A. 借方   B. 贷方

    C. 无余额   D. 借方或贷方

47. 收入类账户的期末余额一般在(   )。

    A. 借方   B. 贷方

    C. 无余额   D. 借方或贷方

48. A 公司月初短期借款余额为 80 万元,本月向银行借入 5 个月的借款 20 万元,归还到期的短期借款 60 万元,则本月末短期借款的余额为(   )万元。

    A. 借方 40   B. 贷方 40

    C. 借方 120   D. 贷方 120

49. M 公司月初资产总额为 100 万元,本月发生下列业务:

    (1)以银行存款购买原材料 10 万元

    (2)向银行借款 60 万元,款项存入银行

    (3)以银行存款归还前欠货款 30 万元

    (4)收回应收账款 20 万元,款项已存入银行

    则月末该公司资产总额为(   )万元。

    A. 130   B. 160   C. 100   D. 110

50. 甲公司月末编制的试算平衡表中,全部科目的本月贷方发生额合计为 120 万元,除银行存款外的本月借方发生额合计 104 万元,则银行存款科目(   )。

    A. 本月借方余额为 16 万元

    B. 本月贷方余额为 16 万元

    C. 本月贷方发生额为 16 万元

D. 本月借方发生额为 16 万元

51. 根据资产与权益的恒等关系及借贷记账法的记账规则,检查所有科目记录是否正确的过程称为(　　)。
A. 复式记账
B. 对账
C. 试算平衡
D. 查账

52. 对某项经济业务事项标明应借应贷科目及其金额的记录称为(　　)。
A. 对应关系
B. 会计分录
C. 对应科目
D. 试算平衡

53. 对所发生的每项经济业务事项都要以会计凭证为依据,一方面计入有关总分类科目,另一方面计入有关总分类科目所属明细分类科目的方法称为(　　)。
A. 借贷记账法
B. 试算平衡
C. 复式记账法
D. 平行登记

54. 总分类科目与其明细分类科目的主要区别在于(　　)。
A. 记录经济业务的详细程度不同
B. 记账的依据不同
C. 记账的方向不同
D. 记账的期间不同

55. 复式记账法是以(　　)为记账基础的一种记账方法。
A. 会计科目
B. 资产和权益的平衡关系
C. 经济业务
D. 试算平衡

56. 下列会计分录中,属于简单会计分录的是(　　)。
A. 一借一贷
B. 一借多贷
C. 一贷多借
D. 多借多贷

57. 借贷记账法余额试算平衡的依据是(　　)。
A. 借贷记账法的记账规则
B. 科目的对应关系
C. 科目的结构
D. 资产与权益的恒等关系

58. 下列经济业务中,借记资产类科目,贷记负债类科目的是(　　)。
A. 从银行提取现金
B. 接受投资
C. 赊购商品
D. 以现金偿还债务

59. 企业接受固定资产投资,除了应计入"固定资产"科目和"实收资本"科目外,还可能涉及的科目是(　　)。
A. 累计折旧
B. 资本公积
C. 盈余公积
D. 其他业务收入

60. 下列记账错误中,不能通过试算平衡检查发现的是(　　)。
A. 将某一科目的发生额 500 元,误写成 5000 元
B. 漏记了某一科目的发生额
C. 将应计入"管理费用"科目的借方发生额,误计入"制造费用"科目的借方

D. 重复登记了某一科目的发生额

61. 复式记账法的基本理论依据是( )的平衡原理。

 A. 收入 – 费用 = 利润

 B. 资产 = 负债 + 所有者权益

 C. 期初余额 + 本期增加数 – 本期减少数 = 期末余额

 D. 借方发生额 = 贷方发生额

62. 借贷记账法的余额试算平衡公式是( )。

 A. 每个科目的借方发生额 = 每个科目的贷方发生额

 B. 全部科目本期借方发生额合计 = 全部科目本期贷方发生额合计

 C. 全部科目期末借方余额合计 = 全部科目期末贷方余额合计

 D. 全部科目期末借方余额合计 = 部分科目期末贷方余额合计

63. 下列会计分录中,属于复合会计分录的是( )。

 A. 借:制造费用   10000

       管理费用   5000

        贷:累计折旧   15000

 B. 借:银行存款   80000

        贷:实收资本——A 公司   55000

                ——B 公司   25000

 C. 借:管理费用——维修费   80000

        贷:实收资本——甲材料   60000

                ——乙材料   20000

 D. 借:制造费用   500

        贷:库存现金   500

64. 某企业所有者权益总额为 6000 万元,负债总额为 4000 万元。那么该企业的资产总额为( )万元。

 A. 2000   B. 10000

 C. 6000   D. 以上答案都不对

65. 科目发生额试算平衡方法是根据( )来确定的。

 A. 收入 – 费用 = 利润

 B. 资产 = 负债 + 所有者权益

 C. 借贷记账法的记账规则

 D. 平行登记原则

二、**多项选择题**(下列每小题备选答案中,有两个或两个以上符合题意的正确答案。请将选定答案的编号,用英文大写字母填入括号内)

1. 下列项目中属于静态会计要素的是( )。

 A. 资产   B. 利润

 C. 成本   D. 负债

2. 下列经济业务或事项中,企业应进行会计核算的有( )。

 A. 车间领用原材料

  B. 外单位捐赠本企业设备一台

  C. 与某单位签订合同拟购入一批原材料

  D. 本月银行借款应计利息

3. 下列组织可以作为一个会计主体进行会计核算的有(　　)。

  A. 独资企业   B. 民间非营利组织

  C. 分公司   D. 集团公司

4. 下列各项中,属于企业所有者权益组成部分的有(　　)。

  A. 股本   B. 资本公积

  C. 盈余公积   D. 应付股利

5. 下列各项模块,应确认为企业资产的有(　　)。

  A. 购入的无形资产   B. 已霉烂变质无使用价值的存货

  C. 融资租入的固定资产   D. 计划下个月购入的材料

6. 下列业务中引起所有者权益增加的业务有(　　)。

  A. 以银行存款投资办子公司   B. 公司投资者给公司投入设备

  C. 投资者代公司偿还欠款   D. 以盈余公积金转增资本金

7. 利润总额是指企业在一定会计期间的经营成果,包括(　　)。

  A. 投资收益   B. 营业利润

  C. 管理费用   D. 营业外收支净额

8. 下列各项中,属于"收入"会计要素内容的有(　　)。

  A. 销售商品收入   B. 出租固定资产取得的租金收入

  C. 罚款收入   D. 出售固定资产取得的净收益

9. 资产具有的特征有(　　)。

  A. 资产是过去的交易、事项形成的   B. 资产能以货币计量

  C. 资产是企业拥有或控制的   D. 资产预期能给企业带来经济利益

10. 下列资产项目与权益项目之间的变动符合资金运动规律的有(　　)。

  A. 资产某项目增加与权益某项目减少

  B. 资产某项目减少与权益某项目增加

  C. 资产方内部项目之间此增彼减

  D. 权益方内部项目之间此增彼减

11. 会计基本等式是(　　)的理论基础。

  A. 复式记账   B. 设置账户

  C. 成本计算   D. 编制资产负债表

12. 下列经济活动中引起资产和负债同时增加的是(　　)。

  A. 用银行存款偿还长期负债   B. 购买材料,货款尚未支付

  C. 预收销货款   D. 向银行借入短期借款,存入银行

13. 下列经济活动中引起资产之间彼此增减的是(　　)。

  A. 用现金支付职工工资   B. 收到应收账款,存入银行

  C. 完工产品入库   D. 生产领用材料

14. 在下列各项业务中,不影响资产总额的有(　　)。

    A. 用银行存款购入原材料　　　　　　　B. 从银行提取现金

    C. 用银行存款购入 A 公司股票　　　　　D. 用银行存款预付材料定金

15. 一个企业的资产总额与权益总额是相等的,这是因为(　　　)。

    A. 资产和权益是同一资金的两个侧面

    B. 任何权益都能形成相应的资产

    C. 某一具体资产项目的增加,总是同另一具体权益项目的增加同时发生

    D. 权益方内部项目的此增彼减变化,不影响资产总额与权益总额的变动

16. "资产 = 负债 + 所有者权益"会计恒等式是(　　　)。

    A. 设置账户的理论依据　　　　　　　　B. 复式记账的理论依据

    C. 反映企业资产归属关系的等式　　　　D. 编制资产负债表的理论依据

17. 下列属于会计等式的有(　　　)。

    A. 资产 = 负债 + 所有者权益 + 利润　　　B. 资产 = 权益

    C. 收入 – 费用 = 利润　　　　　　　　D. 资产 + 所有者权益 = 负债

18. 下列会计等式正确的是(　　　)。

    A. 资产 = 负债 + 所有者权益

    B. 资产 = 负债 + 所有者权益 + 利润

    C. 资产 + 费用 = 负债 + 所有者权益 + 收入

    D. 资产 + 所有者权益 = 负债

19. 下列关于会计等式的表述中,正确的有(　　　)。

    A. 会计等式是设置账户、进行复式记账和编制会计报表的理论基础

    B. 资产 = 负债 + 所有者权益这一会计等式,反映了企业在某一特定日期的财务状况

    C. 收入 – 费用 = 利润这一会计等式,是企业资金运动的动态表现

    D. 会计等式揭示了会计要素之间的内在联系

20. 下列项目中,属于让渡资产使用权取得收入的有(　　　)。

    A. 企业债权投资取得的利息收入

    B. 企业出租固定资产取得的租金收入

    C. 转让无形资产所有权而取得的收入

    D. 企业进行股权投资而取得的股利收入

21. 下列经济业务中(　　　)的发生不会使"资产 = 负债 + 所有者权益"这一会计等式左右双方的总额发生变动。

    A. 用资本公积转增实收资本　　　　　　B. 从银行提取现金

    C. 赊购固定资产　　　　　　　　　　　D. 用银行存款归还短期借款

22. 企业日常活动中取得的收入包括(　　　)。

    A. 销售商品的收入　　　　　　　　　　B. 提供劳务的收入

    C. 他人使用本企业资产的收入　　　　　D. 销售固定资产收入

23. 债权是企业收取款项的权利,一般包括各种(　　　)等。

    A. 预付款项　　　　　　　　　　　　　B. 预收款项

    C. 应交款项　　　　　　　　　　　　　D. 应收款项

24. 导致所有者权益减少的经济事项包括(　　　)。

A. 收入的实现　　　　　　　　　　B. 费用的发生

C. 向投资者分配利润　　　　　　　D. 提取盈余公积

25. 下列经济业务引起等式两边同时变化的有(　　)。

A. 以银行存款归还前欠货款　　　　B. 销售产品,货款未收

C. 以银行存款购买设备　　　　　　D. 向银行借入款项,存入结算户

26. 收入的实现可能引起(　　)。

A. 资产的增加　　　　　　　　　　B. 负债的增加

C. 所有者权益的增加　　　　　　　D. 资产的增加和负债的减少

27. 经济业务发生后,引起有关会计要素增减变动,下列表达正确的有(　　)。

A. 引起所有者权益项目一增一减,增减金额相等

B. 引起所有者权益项目和负债项目同时增加,双方增加金额相等

C. 引起资产项目和所有者权益同时增加,双方增加金额相等

D. 引起资产项目和负债项目同时增加,双方增加金额相等

28. 以下有关明细分类科目的表述中,正确的有(　　)。

A. 明细分类科目也称一级会计科目

B. 明细分类科目是对会计要素具体内容进行总括分类的科目

C. 明细分类科目是对总分类科目作进一步分类的科目

D. 明细分类科目是能提供更加详细更加具体的会计信息的科目

29. 下列按其所归属的会计要素不同,属于成本类科目的有(　　)。

A. 主营业务成本　　　　　　　　　B. 其他业务成本

C. 生产成本　　　　　　　　　　　D. 制造费用

30. 下列各组科目,一组都是同类科目的是(　　)。

A. 应收账款、预付账款、在途物资、固定资产

B. 短期借款、应交税费、预收账款、应付票据

C. 生产成本、制造费用、主营业务成本、实收资本

D. 主营业务收入、管理费用、所得税费用、销售费用

31. 损益类科目一般具有以下特点(　　)。

A. 费用类科目的增加额记借方

B. 收入类科目的减少额记借方

C. 期末一般无余额

D. 年末一定要结转到"利润分配"科目

32. 下列表述中,正确的是(　　)。

A. 所有总分类科目都要设置明细分类科目

B. 科目是对会计要素的进一步分类的项目

C. 科目由各单位根据需要自行设定

D. 二级科目属于明细分类科目

33. 账户一般可以提供的金额指标有(　　)。

A. 期初余额　　　　　　　　　　　B. 本期增加发生额

C. 期末余额　　　　　　　　　　　D. 本期减少发生额

34. 会计科目按其所归属的会计要素不同,分为资产类、负债类、(　　　)五大类。
    A. 收入类　　　　　　　　　　　　B. 所有者权益类
    C. 成本类　　　　　　　　　　　　D. 损益类

35. 下列项目中,属于账户基本结构内容的有(　　　)。
    A. 科目的名称　　　　　　　　　　B. 增减金额及余额
    C. 记账凭证的编号　　　　　　　　D. 经济业务的摘要

36. 账户哪一方登记增加,哪一方登记减少,取决于(　　　)。
    A. 账户的基本结构　　　　　　　　B. 会计核算方法
    C. 所记录经济业务　　　　　　　　D. 账户的性质

37. 在借贷记账法下,账户的借方应登记(　　　)。
    A. 资产、费用的增加数
    B. 权益、收入的减少数
    C. 资产、费用的减少数
    D. 权益、收入的增加数

38. 在借贷记账法下,账户的贷方应登记(　　　)。
    A. 资产、费用的增加数
    B. 权益、收入的减少数
    C. 资产、费用的减少数
    D. 权益、收入的增加数

39. 下列项目中,属于借贷记账法特点的有(　　　)。
    A. 以"借"、"贷"作为记账符号
    B. 以"有借必有贷,借贷必相等"作为记账规则
    C. 记账方向由账户所反映的经济内容来决定
    D. 可以进行发生额试算平衡和余额试算平衡

40. 借贷记账法的试算平衡方法包括(　　　)。
    A. 发生额试算平衡法
    B. 增加额试算平衡法
    C. 减少额试算平衡法
    D. 余额试算平衡法

41. 会计分录的基本要素包括(　　　)。
    A. 记账符号　　　　　　　　　　　B. 记账时间
    C. 记账金额　　　　　　　　　　　D. 科目名称

42. 下列会计分录形式中,属于复合会计分录的有(　　　)。
    A. 一借一贷　　　　　　　　　　　B. 一借多贷
    C. 一贷多借　　　　　　　　　　　D. 多借多贷

43. 总分类科目与其所属的明细分类科目平行登记的结果,一般是(　　　)。
    A. 总分类科目期初余额 = 所属明细分类科目期初余额之和
    B. 总分类科目期末余额 = 所属明细分类科目期末余额之和
    C. 总分类科目本期借方发生额 = 所属明细分类科目借方发生额之和

    D. 总分类科目本期贷方发生额 = 所属明细分类科目贷方发生额之和

44. 总分类科目与其所属的明细分类科目平行登记的要点包括(　　　)。

    A. 所依据的会计凭证相同

    B. 借贷方向相同

    C. 所属会计期间相同

    D. 计入总分类科目与其所属明细分类科目的金额合计相等

45. 关于"平行登记"表述正确的是,对发生的每一项经济业务(　　　)。

    A. 既要计入有关总分类科目,又要计入有关总分类科目所属的明细分类科目

    B. 登记总分类科目和其所属的明细分类科目的依据应该相同

    C. 必须在同一天登记总分类科目和其所属的明细分类科目

    D. 登记总分类科目和其所属明细分类的借贷方向相同

46. 以下错误可以试算平衡发现的有(　　　)。

    A. 漏记或重记某笔经济业务

    B. 借方发生额大于贷方发生额

    C. 借贷记账方向彼此颠倒

    D. 重复登记在某一科目的借方发生额上

47. 在借贷记账法下,当贷记银行存款时,下列会计科目中可能成为其对应科目的有(　　　)。

    A. 应交税费　　　　　　　　　　　B. 库存现金

    C. 材料采购　　　　　　　　　　　D. 本年利润

48. 下列各类账户中,在借方只能登记增加额的有(　　　)。

    A. 资产类账户　　　　　　　　　　B. 损益类账户

    C. 成本类账户　　　　　　　　　　D. 所有者权益类账户

49. 下列账户中,期末余额既有可能在借方,又有可能在贷方的有(　　　)。

    A. 预收账款　　　　　　　　　　　B. 预付账款

    C. 固定资产　　　　　　　　　　　D. 库存现金

50. (　　　)属于国家统一规定的会计科目。

    A. 应收款　　　　　　　　　　　　B. 机器设备

    C. 银行存款　　　　　　　　　　　D. 库存现金

三、判断正误(请在每小题后面的括号内填入判断结果,正确的用"√"表示,错误的用"×"表示)

1. 企业拥有或控制的经济资源就是企业的资产。　　　　　　　　　　　　(　　　)

2. 明确会计主体可以把会计主体的经济活动和会计主体所有者的经济活动区分开来。

    　　　　　　　　　　　　　　　　　　　　　　　　　　　　(　　　)

3. 企业如果选择以某种外币为记账本位币时,编制的会计报表也可以用外币来反映。

    　　　　　　　　　　　　　　　　　　　　　　　　　　　　(　　　)

4. 根据《企业会计准则》规定,全国境内企业必须以人民币作为记账本位币进行核算。

    　　　　　　　　　　　　　　　　　　　　　　　　　　　　(　　　)

5. 一般来说,会计主体必然是法律主体,但法律主体并不一定就是会计主体。　(　　　)

6. 会计核算和监督的内容就是指企业发生的所有的经济活动。 （　　）

7. 企业与供货单位签订了 10 万元的购货合同,因此可以确认企业资产和负债同时增加 10 万元。 （　　）

8. 会计核算以人民币为记账本位币。业务收支以外币为主的企业,也可选择某种外币作为记账本位币,但编报的财务会计报告应当折算为人民币反映。 （　　）

9. 凡不引起企业资产、负债、所有者权益、收入、费用和利润这六大会计要素增减变动的事项都不属于企业的会计事项。 （　　）

10. 若某项资产不能为企业带来经济利益,即使是由企业拥有或控制的,也不能作为企业的资产在资产负债表中列示。 （　　）

11. 企业计算应向投资者分配的现金股利,不会引起留存收益总额的变动。 （　　）

12. 资产按实物形态可分为流动资产和非流动资产。 （　　）

13. 收入的特点之一是企业在日常活动中形成的经济利益总流入,所以企业处置固定资产、无形资产产生的经济利益流入均不构成收入。 （　　）

14. 资产、负债与所有者权益的平衡关系是企业资金运动处于相对静止状态下出现的,如果考虑收入、费用等动态要素,则资产与权益总额的平衡关系必然被破坏。 （　　）

15. 资本公积属于资本的范畴,是准资本和资本的储备形式。 （　　）

16. 收入是企业在销售商品、提供劳务及让渡资产使用权等日常活动中所形成的经济利益的总流入。如果企业收不抵支,发生亏损,则说明收入没有形成经济利益的流入。 （　　）

17. 专利权不属于企业的实物资产。 （　　）

18. 收入是指企业在销售商品、提供劳务及让渡资产使用权等日常活动中所形成的经济利益的净流入。 （　　）

19. 收入可以表现为企业资产的增加或负债的清偿,或两者兼而有之,比如销售商品收到的货款和增值税就可以确认为企业的收入。 （　　）

20. 资产和负债、所有者权益是同一问题的两个方面,彼此之间存在着相互依存关系。 （　　）

21. 生产成本及主营业务成本都属于成本类科目。 （　　）

22. 销售费用、管理费用和制造费用都属于损益类科目。 （　　）

23. 企业只能使用国家统一的会计制度规定的会计科目,不得自行增减或合并。 （　　）

24. 二级科目(子目)不属于明细分类科目。 （　　）

25. 对于明细科目较多的总分类科目,可在总分类科目与明细分类科目之间设置二级或多级科目。 （　　）

26. 账户的基本结构的内容仅包括增减金额及余额。 （　　）

27. 复式记账法是以资产与权益的平衡关系作为记账基础,对于每一笔经济业务,都要在两个或两个以上相互联系的账户中进行登记,系统地反映资金运动变化结果的一种记账方法。 （　　）

28. 在借贷记账法下,借方表示增加,贷方表示减少。 （　　）

29. 在借贷记账法下,资产类账户与费用(成本)类账户通常都有期末余额,而且在借方。 （　　）

30. 复合会计分录是指多借多贷形式的会计分录。　　　　　　　　　　　（　　）

31. 为了判断账户记录是否正确,通常采用编制试算平衡表的方法。只要该试算平衡表
实现了平衡,就说明账户记录正确无误。　　　　　　　　　　　　　（　　）

32. 按照平行登记的要求中同时登记的要求,每项经济业务必须在计入总分类科目的当
天计入所属的明细分类科目。　　　　　　　　　　　　　　　　　　（　　）

33. 发生额试算平衡是根据资产与权益的恒等关系,检验本期发生额记录是否正确的
方法。　　　　　　　　　　　　　　　　　　　　　　　　　　　　（　　）

34. 企业可以将不同类型的经济业务合并在一起,编制多借多贷的会计分录。（　　）

35. 某企业"应付账款"科目期初贷方余额为 800 元,本期借方发生额为 700 元,本期贷方
发生额为 400 元,则期末贷方余额为 500 元。　　　　　　　　　　　（　　）

36. 收入类账户与费用类账户一般没有期末余额,但有期初余额。　　　　（　　）

37. "制造费用"账户和"管理费用"账户的本期发生额都应当在期末转入"本年利润"账
户。　　　　　　　　　　　　　　　　　　　　　　　　　　　　　（　　）

38. 账户的本期发生额是动态资料,而期末余额与期初余额是静态资料。　（　　）

39. 账户的对应关系是指某个账户内的借方与贷方的相互关系。　　　　　（　　）

40. 一般来讲,各类账户的期末余额与记录增加额的一方在同一方向。　　（　　）

四、综合题

1. 南京俊达电子设备有限公司 2009 年 12 月 31 日财务状况(见下表):

项　目	资产	负债	所有者权益
① 库存现金 452 元			
② 银行存款结存余额 80750 元			
③ 投资者投入资本 800000 元			
④ 向银行借入款项 356000 元			
⑤ 库存原材料 22058 元			
⑥ 应付购货款 192600 元			
⑦ 机器设备 42340 元			
⑧ 应收销货款 15000 元			
⑨ 厂房价值 1160000 元			
⑩ 库存商品 28000 元			
合　计			

要求完成表格,确定:

(1) 资产、负债和所有者权益项目;

(2) 计算资产、负债和所有者权益总额,并对其结构加以简要说明。

2. 南京俊达电子设备有限公司 2009 年 12 月发生下列经济业务事项:

(1) 以银行存款 90000 元购入机器设备一台。

(2) 投资者投入资本 8000000 元,存入银行。

(3) 购入材料 24000 元,价款未付。

(4) 职工张明预借差旅费 3000 元,以现金付出。

（5）以银行存款偿还短期借款 150000 元。

（6）从银行提取现金 4500 元。

（7）以银行存款 18000 元偿还前欠的购货款。

（8）预收货款 28000 元。

（9）向银行借入款项 35000 元。

（10）收到某公司前欠的货款 30000 元，存入银行。

要求：根据上述经济业务事项，分别判断其经济业务事项类型。

经济业务	资产	负债	所有者权益
①	↑↓		
②			
③			
④			
⑤			
⑥			
⑦			
⑧			
⑨			
⑩			

3. （1）南京俊达电子设备有限公司 2009 年 11 月 30 日的资产、负债、所有者权益资料如下：

项　　目	金　额	项　　目	金　额
① 出纳保管的现金	2000	⑥ 向银行借入的长期借款	82000
② 尚未支付的货款	50500	⑦ 存在开户银行的存款	79200
③ 投资者投入的资本	120000	⑧ 购货单位欠本公司的货款	15000
④ 已验收入库的原材料	8250	⑨ 用于生产的机器设备	164000
⑤ 生产完工已验收入库的产成品	14050	⑩ 从利润中提取的盈余公积金	30000

（2）2009 年 12 月发生下列经济业务事项：

① 接受甲公司投入设备价值 30000 元。

② 购入原材料价值 58500 元，价款未付。

③ 偿还借入的银行借款 40000 元。

④ 从银行提取现金 5000 备用。

⑤ 开出票据支付前欠销货单位货款 50500 元。

⑥ 根据利润分配方案，确认本期应付给投资者的股利 20000 元。

⑦ 本期销售商品，取得货款收入 80000 元存入银行。

⑧ 公司发生的广告费计 2000 元，尚未支付。

⑨ 经批准公司将盈余公积 10000 元转增资本。

⑩ 经与银行单位协商，将到期无力偿还的债务 42000 元转为资本。

⑪ 以银行存款支付办公电话费 450 元。

⑫ 期末结转本期已销售产品的成本 50000 元。

⑬ 计算本期损益,本月取得收入 80000 元,发生费用 52450 元。

要求:

分析经济业务事项对会计等式的影响,仿下表,将结果填入空白处。

业务事项	左 边		右 边				
	资产	小计	负债	所有者权益	收入	费用	小计
起点 11 月 30 日							
①	+30000	312500		+30000			312500
②							
③							
④							
⑤							
⑥							
⑦							
⑧							
⑨							
⑩							
⑪							
⑫							
⑬							

4. 下表是南京俊达电子设备有限公司 2009 年末各项资源状况。请根据会计要素的内容进行归类,并填入表格中。

项　目	会计要素	对应的会计科目
① 出纳保管的现金		
② 尚未支付的货款		
③ 收到的购货单位用以支付货款的票据		
④ 投资者投入的资本		
⑤ 根据合同预收的货款		
⑥ 购入并已验收入库的原材料		
⑦ 尚在运输途中的购入材料		
⑧ 正在加工中的未完工产品		
⑨ 生产完工已验收入库的产成品		
⑩ 向银行借入为期 3 个月的借款		
⑪ 存在开户银行的存款		
⑫ 应缴未缴的税金		
⑬ 应支付给投资者的股利		
⑭ 购货单位欠本公司的货款		
⑮ 本月实现的利润		

（续）

项　目	会计要素	对应的会计科目
⑯ 出借包装物收取的押金		
⑰ 使用中的生产设备		
⑱ 正在修理中的机床		
⑲ 用于生产的厂房		
⑳ 公司行政管理用办公家具		
㉑ 买入的股票、债券等有价证券		
㉒ 根据合同预付的货款		
㉓ 本月发生的招待费		
㉔ 租入包装物支付的押金		
㉕ 利润分配中提取的用于生产发展的盈余公积金		

5. （1）南京俊达电子设备有限公司 2009 年 4 月部分账户有关资料，如下表所示：

账户名称	期初余额	本期发生额		借或贷	期末余额
		借方	贷方		
银行存款	3000	1800	2000		
原材料		5400	2300		4000
应收账款	8600		3400	借	8000
预付账款		4000	3000	借	9000
应付票据	8900		3500		6100
应交税费		1200	5000	贷	2000
生产成本	1000	4800	3700		
实收资本	100000	2000	50000		
资本公积			5000		5000

（2）某企业 2009 年 5 月份部分账户有关资料，见以下"T"形账：

借方	库存现金	贷方
期初余额　2200		
发生额　500		发生额　280
期末余额		

借方	库存商品	贷方
期初余额　50000		
发生额　8000		发生额
期末余额　35000		

借方	应付职工薪酬	贷方
	期初余额　8600	
发生额	发生额　5000	
	期末余额　0	

借方	实收资本	贷方
	期初余额　275000	
发生额　0	发生额　50000	
	期末余额	

要求:根据所给资料完成上表及"T"形账发生额或余额信息。

6.(1)南京俊达电子设备有限公司 2009 年 11 月 30 日各账户的余额如下:

资　产	余额	负债及所有者权益	余额
库存现金	1000	短期借款	100000
银行存款	250000	应付账款	200000
应收账款	120000	应交税费	51000
原材料	30000	实收资本	1000000
固定资产	950000		
合　计	1351000		1351000

(2)该企业 12 月发生下列经济业务:

① 从银行存款中提取现金 2000 元,备用。

② 购入设备一台,价款 150000 元,用银行存款支付。

③ 从银行借入三个月的借款 150000 元,款已存入企业银行存款户。

④ 以银行存款 30000 元,交纳应交税金。

⑤ 以银行存款 100000 元,偿还银行短期借款。

⑥ 收回某单位所欠的货款 100000 元,存入银行。

⑦ 投资者追加投资,投入新设备一台,价值 200000 元。

⑧ 购入办公用品 500 元,用现金支付,交管理部门使用。

⑨ 购进材料一批,价款 30000 元,已用银行存款支付。

⑩ 将库存现金 2000 元存入银行。

⑪ 进材料一批,价款 10000 元,用银行存款支付 6000 元,尚欠 4000 元。

⑫ 用银行存款归还应付账款 150000 元。

要求:

(1)根据资料设立"T"形账,并登记期初余额。

(2)根据上述发生的经济业务编制会计分录并根据会计分录登记账户,月末结算出各账户的本期发生额和期末余额。

(3)编制本期发生额和余额试算平衡表。

借方	库存现金	贷方
期初余额		
发生额	发生额	
期末余额		

借方	原材料	贷方
期初余额		
发生额	发生额	
期末余额		

借方	应收账款	贷方
期初余额		
发生额	发生额	
期末余额		

借方	管理费用	贷方
期初余额		
发生额	发生额	
期末余额		

借方	短期借款	贷方
	期初余额	
发生额	发生额	
	期末余额	

借方	应付账款	贷方
	期初余额	
发生额	发生额	
	期末余额	

借方	应交税费	贷方
	期初余额	
发生额	发生额	
	期末余额	

借方	实收资本	贷方
	期初余额	
发生额	发生额	
	期末余额	

借方	银行存款	贷方
期初余额		
发生额	发生额	
期末余额		

借方	固定资产	贷方
期初余额		
发生额	发生额	
期末余额		

总分类账户发生额及余额试算平衡表
2009 年 12 月

会计科目	期初余额		本期发生额		期末余额	
	借方	贷方	借方	贷方	借方	贷方
合　计						

7. 南京俊达电子设备有限公司 2009 年 2 月末原材料总分类账户的余额为 263600 元。其中:甲种材料 3200 千克,每千克 70 元,计 224000 元,乙种材料 440 千克,每千克 90 元,计 39600 元;应付账款总分类账户的余额为 160000 元,其中:红星工厂 90000 元,红光工厂 70000 元,该厂 3 月发生的部分经济业务如下(均不考虑增值税):

(1) 3 月 3 日,向红星工厂购入甲种材料 3500 千克,计 245000 元,乙种材料 1000 千克,计 90000 元,货款尚未支付,材料已验收入库。

(2) 3 月 5 日,以银行存款支付上月应付红星工厂材料款 90000 元。

(3) 3 月 6 日,向红光工厂购入乙种材料 1400 千克,计 126000 元,货款尚未支付,材料已验收入库。

(4) 3 月 8 日,以银行存款支付上月应付红光工厂材料款 70000 元。

(5) 3 月 13 日,生产产品领用甲种材料 1100 千克,计 77000 元,乙种材料 1900 千克,计 171000 元。

(6) 3 月 16 日,以银行存款支付 3 月 3 日应付红星工厂材料款 335000 元及 3 月 6 日应付红光工厂材料款 126000 元。

(7) 3 月 24 日,生产产品领用甲种材料 2800 千克,计 198000 元,乙种材斜 400 千克,计 36000 元。

(8) 3 月 27 日,向红光工厂购入甲种材料 2400 千克,计 168000 元,货款尚未支付,材料已验收入库。

(9) 3 月 28 日,生产产品领用甲种材料 2700 千克,计 189000 元。

要求:

(1) 根据资料开设"原材料"与"应付账款"账户总分类账户及明细分类账户,并登记期初余额。

借方	原材料	贷方
期初余额		
发生额	发生额	
期末余额		

借方	原材料——甲材料	贷方
期初余额		
发生额	发生额	
期末余额		

借方	原材料——乙材料	贷方
期初余额		
发生额	发生额	
期末余额		

借方	应付账款	贷方
	期初余额	
发生额	发生额	
	期末余额	

借方	应付账款——红星工厂	贷方
	期初余额	
发生额	发生额	
	期末余额	

借方	应付账款——红光工厂	贷方
	期初余额	
发生额	发生额	
	期末余额	

（2）填制会计分录簿,注意按要求设置明细。

会计分录簿

序号	业务描述	会计分录
1		
2		
3		
4		
5		
6		
7		
8		
9		

（3）按要求登记总分类账户及明细分类账户,并结出本期发生额及期末余额,将平行登记的过程填入下表,验证总账与明细账的勾稽关系。

总账与所属明细账平行登记表　　　　　　　单位:元

总账账户	明细账户	期初余额	借方发生额	贷方发生额	期末余额
原材料	甲材料				
	乙材料				
	合　计				
应付账款	红星工厂				
	红光工厂				
	合　计				

一、单选选择题(下列每小题备选答案中,只有一个符合题意的正确答案。请将选定答案的编号,用英文大写字母填入括号内)

1. 某增值税一般纳税企业购入一批原材料,取得增值税专用发票注明的价款为 50000 元,增值税 8500 元,发生运杂费 400 元,材料已验收入库,款项以银行存款支付。则原材料的成本是( )。
   A. 50000   B. 50400
   C. 58500   D. 58900

2. 某增值税一般纳税企业购入一批原材料,取得增值税专用发票注明的价款为 30000 元,增值税 5100 元,另发生运输费 1000 元(假定已取得可抵扣增值税的运费发票),材料已经入库,款项未付。做会计分录时应( )。
   A. 借:应交税费——应交增值税(销项税额)5100
   B. 借:应交税费——应交增值税(销项税额)5170
   C. 借:应交税费——应交增值税(进项税额)5100
   D. 借:应交税费——应交增值税(进项税额)5170

3. 企业对外销售商品,购货方尚未支付货款,这项债权应计入( )。
   A. "应收账款"账户的借方   B. "应收账款"账户的贷方
   C. "应付账款"账户的借方   D. "应付账款"账户的贷方

4. 某企业为增值税一般纳税人,本期购入原材料一批,发票价款为 40000 元,增值税额为 6800 元;运输途中合理损耗 120 元,入库前发生的整理挑选费 1400 元。则该批原材料的入账价值为( )元。
   A. 40000   B. 41400   C. 41280   D. 48320

5. 某企业某日向甲公司同时购入 A、B 两种材料,A 材料 400 千克,单价 50 元,买价 20000 元,增值税额 3400 元;B 材料 100 千克,单价 100 元,买价 10000 元,增值税额 1700 元。用银行存款支付了甲、乙两种材料的共同运费、保险费等杂费 1500 元,其余款项暂欠。运杂费按买价比例分配。则其中 B 材料的成本为( )元。
   A. 21000   B. 20900   C. 10500   D. 10300

6. 购买单位在材料采购业务之前按合同先向供应单位预付购货款时,形成了一项( )。
   A. 负债   B. 债务
   C. 债权   D. 权益

7. 应收票据是指企业销售商品、提供劳务等收到的( )。
   A. 银行汇票   B. 商业汇票
   C. 银行本票   D. 支票

8. 投资者缴付企业的出资额大于其在企业注册资本中所拥有份额的数额,计入( )账户进行核算。

  A. 实收资本   B. 资本公积

  C. 资本溢价   D. 盈余公积

9. 甲公司为增值税一般纳税人,设立时收到乙公司作为投资的原材料一批,该原材料经投资各方确认的价值为450000元,评估确认的价值为480000元,增值税专用发票上注明的增值税税额为81600元。甲公司注册资本总额为5000000元,乙公司投资占注册资本总额的比例为10%。甲公司确认乙公司投资时,正确的账务处理是(　　)。

  A. 借：原材料   480000

     应交税费——应交增值税(进项税额) 81600

      贷：实收资本   561600

  B. 借：原材料   450000

     应交税费——应交增值税(进项税额) 81600

      贷：实收资本   500000

        资本公积   31600

  C. 借：原材料   480000

     应交税费——应交增值税(进项税额) 81600

      贷：实收资本   500000

        资本公积   61600

  D. 借：原材料   450000

     应交税费——应交增值税(进项税额) 81600

      贷：实收资本   531600

10. "固定资产"账户的期末借方余额表示结存固定资产的(　　)。

  A. 原始价值   B. 折余价值

  C. 净值   D. 已提折旧

11. 下列会计事项的处理符合权责发生制的是(　　)。

  A. 属于本期收入本期未收到,不能作本期收入入账

  B. 属上期收入本期收到,应作为本期收入入账

  C. 本期费用支出不属于本期负担,仍作为本期费用入账

  D. 属本期应负担费用尚未支付,作为本期费用入账

12. 在企业会计核算前提中,(　　)是企业选择会计处理方法和程序保持稳定的条件。

  A. 货币计量   B. 持续经营

  C. 会计分期   D. 会计主体

13. 某股份有限公司某年10月收到9月赊销商品的货款120000元,10月销售商品货款总计240000元,实际收到180000元,余款暂未收;10月预收11月销商品的货款90000元,该公司采用权责发生制,则10月份实现的商品销售收入(　　)元(假设不考虑增值税)。

  A. 390000   B. 90000   C. 240000   D. 180000

14. 某企业1月发生下列支出：①支付本年度保险费2400元;②支付去年第四季度利息3000元;③支付本年度订报费6000元。则权责发生制下本月费用应负担(　　)元。

  A. 3700   B. 700   C. 8400   D. 1700

15. 某企业 2010 年 2 月发生以下经济业务：①本月预付全年水电费 3600 元；②本月购入办公用品 2000 元，款项尚未支付；③计提本月短期款利息 5000 元。按照权责发生制，该企业本月应确认费用(　　)元。

    A. 10800　　　　　　　　　　　　B. 8600

    C. 7300　　　　　　　　　　　　 D. 5300

16. 在权责发生制下，下列货款中应列作本期收入的是(　　)。

    A. 本月销售产品，货款尚未收到

    B. 本月预收下月货款，存入银行

    C. 本月收到上月应收账款，存入银行

    D. 本月收到上月多付给供货方的预付账款，存入银行

17. 企业生产过程中的期间费用不包括(　　)。

    A. 管理费用　　　　　　　　　　 B. 制造费用

    C. 销售费用　　　　　　　　　　 D. 财务费用

18. "生产成本"账户的期末借方余额表示(　　)。

    A. 生产成本的增加数　　　　　　 B. 生产费用总和

    C. 未完工的在产品和半成品的成本　D. 完工产品的实际成本

19. 若某企业年末"固定资产"账户余额为 350000 元，固定资产净值为 280000 元，不考虑其他因素，则下列表述正确的是(　　)。

    A. "累计折旧"年末贷方余额为 630000 元

    B. "累计折旧"年末贷方余额为 70000 元

    C. "累计折旧"年末借方余额为 630000 元

    D. "累计折旧"年末借方余额为 70000 元

20. 某工业企业本期生产产品直接耗用原材料 3000 元，生产车间管理方面耗用原材料 2000 元，正确的会计分录是(　　)。

    A. 借：生产成本　　　　　　　　　　　　　5000

    　　　贷：原材料　　　　　　　　　　　　　5000

    B. 借：制造费用　　　　　　　　　　　　　5000

    　　　贷：原材料　　　　　　　　　　　　　5000

    C. 借：生产成本　　　　　　　　　　　　　3000

    　　　　制造费用　　　　　　　　　　　　　2000

    　　　贷：原材料　　　　　　　　　　　　　5000

    D. 借：生产成本　　　　　　　　　　　　　3000

    　　　　管理费用　　　　　　　　　　　　　2000

    　　　贷：原材料　　　　　　　　　　　　　5000

21. 某工业企业月末计算本月车间使用的机器设备等固定资产的折旧费 7000 元，下列会计分录正确的是(　　)。

    A. 借：生产成本　　　　　　　　　　　　　7000

    　　　贷：累计折旧　　　　　　　　　　　　7000

    B. 借：制造费用　　　　　　　　　　　　　7000

　　　　　贷：累计折旧　　　　　　　　　　　　　　7000
　　C. 借：管理费用　　　　　　　　　　　　　　7000
　　　　　贷：累计折旧　　　　　　　　　　　　　7000
　　D. 借：制造费用　　　　　　　　　　　　　　7000
　　　　　贷：固定资产　　　　　　　　　　　　　7000

22. 企业 3 月末支付本季短期借款利息 3000 元(前两月已预提 2000 元),正确的会计分录为( )。
　　A. 借：应付利息　　　　　　　　　　　　　　2000
　　　　　　管理费用　　　　　　　　　　　　　　1000
　　　　　贷：银行存款　　　　　　　　　　　　　3000
　　B. 借：应付利息　　　　　　　　　　　　　　2000
　　　　　　财务费用　　　　　　　　　　　　　　1000
　　　　　贷：银行存款　　　　　　　　　　　　　3000
　　C. 借：应付利息　　　　　　　　　　　　　　3000
　　　　　贷：银行存款　　　　　　　　　　　　　3000
　　D. 借：财务费用　　　　　　　　　　　　　　3000
　　　　　贷：银行存款　　　　　　　　　　　　　3000

23. 某企业 2010 年 6 月 1 日从银行借入 3 个月的短期借款 8000000 元,年利率为 9% ,7 月 31 日,企业对该短期借款计提月利息时,正确的账务处理是( )。
　　A. 借：预提费用　　　　　　　　　　　　　　60000
　　　　　贷：应付利息　　　　　　　　　　　　　60000
　　B. 借：财务费用　　　　　　　　　　　　　　60000
　　　　　贷：应付利息　　　　　　　　　　　　　60000
　　C. 借：财务费用　　　　　　　　　　　　　　60000
　　　　　贷：短期借款　　　　　　　　　　　　　60000
　　D. 借：财务费用　　　　　　　　　　　　　　120000
　　　　　贷：应付利息　　　　　　　　　　　　　120000

24. 小王出差回来报销差旅费 2700 元,原借 3000 元,交回多余现金 300 元,则报销的会计分录为( )。
　　A. 借：库存现金　　　　　　　　　　　　　　300
　　　　　　管理费用　　　　　　　　　　　　　　2700
　　　　　贷：银行存款　　　　　　　　　　　　　3000
　　B. 借：库存现金　　　　　　　　　　　　　　300
　　　　　　管理费用　　　　　　　　　　　　　　2700
　　　　　贷：其他应收款　　　　　　　　　　　　3000
　　C. 借：管理费用　　　　　　　　　　　　　　3000
　　　　　贷：其他应收款　　　　　　　　　　　　3000
　　D. 借：管理费用　　　　　　　　　　　　　　3000
　　　　　贷：应收账款　　　　　　　　　　　　　3000

25. 生产车间计提生产用设备折旧费应计入（　　）会计科目核算。
    A. 生产成本　　　　　　　　　　　　B. 制造费用
    C. 管理费用　　　　　　　　　　　　D. 主营业务成本

26. 某公司本月应付职工工资共计60000元,其中生产工人工资50000元。车间管理人员工资4000元,企业行政管理人员工资6000元,其在分配时,应作的会计分录为（　　）。
    A. 借：应付职工薪酬　　　　　　　　　　　　60000
    　　　贷：库存现金　　　　　　　　　　　　60000
    B. 借：应付职工薪酬　　　　　　　　　　　　60000
    　　　贷：生产成本　　　　　　　　　　　　60000
    C. 借：应付职工薪酬　　　　　　　　　　　　60000
    　　　贷：生产成本　　　　　　　　　　　　50000
    　　　　　制造费用　　　　　　　　　　　　4000
    　　　　　管理费用　　　　　　　　　　　　6000
    D. 借：生产成本　　　　　　　　　　　　50000
    　　　　制造费用　　　　　　　　　　　　4000
    　　　　管理费用　　　　　　　　　　　　6000
    　　　贷：应付职工薪酬　　　　　　　　　　　　60000

27. 下列表述中正确的是（　　）。
    A. 计提的短期借款利息通过"短期借款"核算,计提的长期借款利息通过"长期借款"核算
    B. 计提的短期借款利息和长期借款利息均通过"应付利息"核算
    C. 计提的短期借款利息通过"短期借款"核算,计提的长期借款利息通过"应付利息"核算
    D. 计提的短期借款利息通过"应付利息"核算,计提的到期还本付息通过"长期借款"核算

28. 下列费用中,应计入期间费用的是（　　）。
    A. 车间固定资产修理费　　　　　　　B. 市内采购材料的运杂费
    C. 生产工人工资　　　　　　　　　　D. 车间一般消耗材料

29. 下列费用不可以计入产品成本的是（　　）。
    A. 直接材料费　　　　　　　　　　　B. 管理费用
    C. 直接人工费　　　　　　　　　　　D. 制造费用

30. 以现金50元购买企业行政管理部门办公用品,应借记（　　）科目,贷记"库存现金"科目。
    A. 固定资产　　　　　　　　　　　　B. 管理费用
    C. 生产成本　　　　　　　　　　　　D. 其他业务成本

31. 采购员预借差旅费,企业财会部门以现金付讫,应借记（　　）科目,贷记"库存现金"科目。
    A. 其他应付款　　　　　　　　　　　B. 其他应收款
    C. 管理费用　　　　　　　　　　　　D. 销售费用

32. 某企业 10 月初账户余额:在产品 4000 元,库存商品 38000 元。10 月发生的直接材料、直接人工、制造费用 45000 元,完工产品 42000 元,发出商品 40000 元。10 月末库存商品账户余额是(   )。

    A. 40000 元   B. 42000 元

    C. 7000 元   D. 38000 元

33. 假定某企业 1 月发生如下业务:应付厂部管理人员工资 50000 元,发生车间设备维修费 6000 元,预付厂部上半年财产保险费 2400 元,则该企业应计入本月管理费用的金额为(   )。

    A. 50000 元   B. 56000 元   C. 56400 元   D. 58400 元

34. 某企业只生产一种产品,2008 年 3 月 1 日期初在产品成本为 7 万元;3 月发生如下费用:生产领用材料 12 万元,生产工人工资 4 万元,制造费用 2 万元,管理费用 3 万元,广告费用 1.6 万元;月末在产品成本为 6 万元。该企业 3 月完工产品的生产成本为(   )万元。

    A. 16.6   B. 18   C. 19   D. 23.6

35. 企业发生的间接费用应先在"制造费用"账户归集,期末再按一定的标准和方法分配计入(   )账户。

    A. 管理费用   B. 生产成本

    C. 库存商品   D. 本年利润

36. "生产成本"账户的贷方记录完工结转的(   )。

    A. 材料成本   B. 产品制造成本

    C. 销售成本   D. 产品工资费用

37. "制造费用"账户是专门用以归集和分配各(   )范围内为产品生产和提供服务而发生的各项(   )。

    A. 车间/直接费用   B. 全厂/间接费用

    C. 全厂/直接费用   D. 车间/间接费用

38. 某企业甲车间月初在产品成本为 1000 元,本月耗用材料 20000 元,生产工人工资及福利费 4000 元,甲车间管理人员工资及福利费 2000 元,甲车间水电等费用 2000 元,月末在产品成本为 2200 元,厂部支付报刊费 600 元。甲车间本月完工产品生产成本总额为(   )。

    A. 28100 元   B. 29100 元

    C. 26800 元   D. 26900 元

39. 漏提固定资产折旧,会使当月(   )。

    A. 费用和固定资产净值减少   B. 费用和固定资产净值增加

    C. 费用减少,利润增加   D. 费用减少,利润也减少

40. 企业 5 月发生销售费用 50 万元,月末应结平"销售费用"账户,则"销售费用"账户(   )。

    A. 月末借方余额 50 万   B. 月末贷方余额 50 万

    C. 本月贷方发生额 50 万   D. 本月贷方发生额为 0

41. 月末结转已售产品的成本 9000 元,正确的会计分录为(   )。

A. 借：库存商品　　　　　　　　　　　　　9000
　　贷：生产成本　　　　　　　　　　　　　9000

B. 借：主营业务成本　　　　　　　　　　　9000
　　贷：主营业务收入　　　　　　　　　　　9000

C. 借：主营业务成本　　　　　　　　　　　9000
　　贷：库存商品　　　　　　　　　　　　　9000

D. 借：主营业务成本　　　　　　　　　　　9000
　　贷：生产成本　　　　　　　　　　　　　9000

42. 本年应纳税所得额为200000,所得税率为25%,计提所得税分录为(　　)。

A. 借：营业税金及附加　　　　　　　　　　50000
　　贷：应交税费　　　　　　　　　　　　　50000

B. 借：管理费用　　　　　　　　　　　　　50000
　　贷：应交税费　　　　　　　　　　　　　50000

C. 借：应交税金　　　　　　　　　　　　　50000
　　贷：所得税费用　　　　　　　　　　　　50000

D. 借：所得税费用　　　　　　　　　　　　50000
　　贷：应交税费　　　　　　　　　　　　　50000

43. 年末结转前"本年利润"账户的借方余额表示(　　)。
A. 本年累计取得的利润总额　　　　B. 本年累计产生的亏损总额
C. 收入总额　　　　　　　　　　　D. 费用总额

44 企业本期全部损益状况如下:主营业务收入506000元,主营业务成本467000元,营业税金及附加24000元,管理费用60000元,营业外收入12000元,所得税费用11000元,则企业本期营业利润为(　　)。
A. 119000元　　　　　　　　　　　B. 95000元
C. 35000元　　　　　　　　　　　D. 36000元

45. 企业本期全部损益状况如下:主营业务收入1286000元,主营业务成本663000元,营业税金及附加24000元,管理费用60000元,销售费用30000,投资收益50000,营业外收入12000元,营业外支出8000元,所得税费用185790元,则企业本期利润总额为(　　)。
A. 509000元　　　　　　　　　　　B. 563000元
C. 377210元　　　　　　　　　　　D. 323210元

46. 下列账户中,不具有对应关系的是(　　)。
A. "银行存款"账户与"应交税费"账户
B. "固定资产"账户与"销售费用"账户
C. "本年利润"账户与"利润分配"账户
D. "预收账款"账户与"主营业务收入"账户

47. 宏润公司为增值税一般纳税企业,适用增值税税率为17%。2009年3月25日,宏润公司向甲公司提供一项加工劳务,劳务成本为15000元,共收取加工费为26325元(含增值税)。不考虑其他因素,该项加工劳务实现的营业利润为(　　)元。

A. 11325   B. 7500   C. 3825   D. 22500

48. "利润分配——未分配利润"账户的借方余额表示(   )。
    A. 本期实现的净利润   B. 本期发生的净亏损
    C. 累计实现的净利润   D. 累计的未弥补亏损

49. 某企业 2009 年年初的未分配利润贷方余额为 120000 元,盈余公积贷方余额为 400000 元。当年实现净利润 600000 元,在按净利润的 10% 提取法定盈余公积后,再向投资者分配现金股利 100000 元。假定不考虑其他因素,则年末,该企业留存收益的余额为(   )元。
    A. 1020000   B. 560000
    C. 500000   D. 1120000

50. 某企业 5 月底"本年利润"账户的贷方余额为 50000 元,"利润分配"账户的借方余额为 10000 元,则该企业截至 5 月底止(   )。
    A. 未分配利润为 40000 元   B. 未弥补亏损为 40000 元
    C. 未分配利润为 60000 元   D. 未弥补亏损为 60000 元

51. 盈余公积金的提取来源是(   )。
    A. 产品销售利润   B. 营业利润
    C. 利润总额   D. 净利润

52. 10 月 31 日,某企业"本年利润"账户有借方余额 98000 元,表示(   )。
    A. 该企业 1 月 1 日至 10 月 31 日累计实现的净利润
    B. 该企业 10 月实现的净利润
    C. 该企业 1 月 1 日至 10 月 31 日累计发生的净亏损
    D. 该企业 10 月发生的净亏损

53. 年末结转后,"利润分配"账户的借方余额表示(   )。
    A. 未分配利润   B. 净利润
    C. 未弥补亏损   D. 利润总额

54. "本年利润"账户期初贷方余额为 100000 元,借方发生额为 60000 元,贷方发生额为 80000 元,本月净利润是(   )元。
    A. 120000   B. 40000
    C. 20000   D. 80000

55. 已知某企业商品销售利润 480 万元,管理费用 120 万元,财务费用 8 万元,销售费用 42 万元,营业外收入 12 万元,则营业利润是(   )。
    A. 310 万元   B. 350 万元
    C. 322 万元   D. 298 万元

56. 6 月 30 日,"本年利润"账户有借方余额 13 万元,表示(   )。
    A. 1 至 6 月累计实现的利润为 13 万元
    B. 1 至 6 月累计发生的亏损为 13 万元
    C. 6 月实现的利润为 13 万元
    D. 6 月发生的亏损为 13 万元

57. 某企业 2010 年年初的未分配利润贷方余额为 120000 元,盈余公积贷方余额为

400000元。当年实现净利润600000元,在按净利润的10%提取法定盈余公积后,再向投资者分配现金股利100000元。假定不考虑其他因素,则年末,该企业留存收益的余额为( )元。

A. 1020000   B. 560000

C. 500000   D. 1120000

58. 某企业本月销售产品取得收入200万元,已收款120万元,月末结平"主营业务收入"账户,则该账户本月借方结转额为( )。

A. 200万元   B. 120万元

C. 80万元   D. 0

二、多项选择题(下列每小题备选答案中,有两个或两个以上符合题意的正确答案。请将选定答案的编号,用英文大写字母填入括号内)

1. 某企业用银行存款5万元偿还以前欠其他单位的货款4万元和1个月前从银行取得的借款1万元。在借贷记账法下,这笔经济业务涉及到( )等账户。

A. 长期股权投资   B. 银行存款

C. 短期借款   D. 应付账款

2. 下列会计分录中,反映企业资金筹集业务的有( )。

A. 借:银行存款
       贷:实收资本

B. 借:固定资产
       贷:银行存款

C. 借:银行存款
       贷:主营业务收入

D. 借:银行存款
       贷:长期借款

3. 2006年12月31日,企业以银行存款偿还2006年10月1日从银行取得的到期贷款本金10000元,并支付100元的利息,其会计分录是( )。

A. 借记"短期借款"10000元   B. 借记"财务费用"100元

C. 借记"长期借款"10000元   D. 贷记"银行存款"10100元

4. 企业购入材料6000元已经入库,以银行存款支付3000元,余款未付。这一经济业务涉及的账户有( )。

A. 原材料   B. 应收账款

C. 应付账款   D. 银行存款

5. 企业在购买材料物资交易中所形成的债务,可以通过( )账户进行核算。

A. 预付账款   B. 银行存款

C. 应付账款   D. 应付票据

6. 企业购入原材料10万元验收入库,其中以银行存款支付3万元,其余开出商业承兑商业汇票一份。用借贷记账法记账应作的会计记录为( )。

A. "应付账款"账户贷方7万元   B. "原材料"账户借方10万元

C. "银行存款"账户贷方3万元   D. "应付票据"账户贷方7万元

7. 下列关于"预付账款"账户的表述中,正确的有( )。
    A. 预付及补付的款项登记在账户的借方
    B. 该账户的借方余额表示预付给供货单位的款项
    C. 该账户的贷方余额,表示应当补付的款项
    D. 预付款项不多的企业,也可将预付款项并入"应付账款"账户核算

8. 下列项目中应计入材料采购成本的有( )。
    A. 材料买价　　　　　　　　　　B. 采购人员的差旅费
    C. 入库前的挑选整理费　　　　　D. 运输途中合理损耗

9. 下列各项中,构成应收账款入账价值的是( )。
    A. 销售商品的价款　　　　　　　B. 增值税销项税额
    C. 代购买方垫付的包装费　　　　D. 代购买方垫付的运杂费

10. 某企业购买一台不需安装的机器设备,其发生的下列支出中,应计入该机器设备成本的有( )。
    A. 购买价款　　　　　　　　　　B. 增值税税额
    C. 专业人员服务费　　　　　　　D. 运输费、装卸费

11. 按照权责发生制原则的要求,下列经济业务中应计入本期收入或费用的有( )。
    A. 预收货款,存入银行　　　　　B. 发出产品,款已预收
    C. 摊销财产保险费　　　　　　　D. 预提短期借款利息

12. 按权责发生制原则,下列项目中属于本年收入的有( )。
    A. 收到上年销售货款 10000 元
    B. 预收下年仓库租金 20000 元
    C. 本年销售产品一批,价款 40000 元尚未收到
    D. 上年末预收本年出租房屋

13. 按权责发生制原则,下列项目中属于本年收入的有( )。
    A. 收到上年销售货款 10000 元
    B. 预收下年仓库租金 20000 元
    C. 本年销售产品一批,价款 40000 元尚未收到
    D. 上年末预收本年出租房屋

14. 下列属于企业生产阶段经济业务的是( )。
    A. 计提和支付生产工人的工资　　B. 生产领用材料
    C. 计提生产用固定资产的折旧费　D. 支付广告费用

15. 产品的生产成本,由生产过程中( )构成。
    A. 直接材料费　　　　　　　　　B. 直接人工费
    C. 制造费用　　　　　　　　　　D. 管理费用

16. 根据会计准则规定,下列各项中,应计入企业产品成本的有( )。
    A. 生产工人的工资　　　　　　　B. 车间管理人员的工资
    C. 企业行政管理人员的工资　　　D. 在建工程人员的工资

17. 构成产品制造成本的项目有( )。
    A. 直接材料成本　　　　　　　　B. 制造费用

    C. 直接人工成本   D. 管理费用

18. 工业企业应该在月末计算本月应支付给职工的工资总额,并形成一项负债,所做的会计分录是借记( ),贷记应付职工薪酬。

    A. 生产成本   B. 制造费用

    C. 财务费用   D. 销售费用

19. 下列费用中,应计入期间费用的是( )。

    A. 行政管理部门人员工资   B. 销售产品的运输费

    C. 车间管理人员的薪酬   D. 短期借款的利息支出

20. 工业企业计提固定资产折旧费,一般涉及的会计分录有( )。

    A. 借：管理费用

       贷：累计折旧

    B. 借：制造费用

       贷：累计折旧

    C. 借：生产成本

       贷：累计折旧

    D. 借：固定资产

       贷：累计折旧

21. 某工业企业以银行存款支付业务招待费,应作如下会计记录( )。

    A. 借记"销售费用"账户   B. 贷记"银行存款"账户

    C. 借记"管理费用"账户   D. 贷记"销售费用"账户

22. 下列说法中不正确的有( )。

    A. 企业核算成本时,设置的成本项目通常有直接人工、直接材料和待摊费用

    B. 待摊费用、预提费用、财务费用均属于损益类账户

    C. 车间主任的工资应计入产品成本,总经理的工资应计入管理费用,销售科长工资应计入销售费用,财务科长的工资应计入财务费用

    D. 开出转账支票偿还前欠供应商货款会使企业资产和所有者权益减少

23. 下列各项中,会引起固定资产账面价值发生变化的业务有( )。

    A. 对固定资产计提折旧

    B. 发生的固定资产日常修理费用

    C. 计提固定资产的减值准备

    D. 发生固定资产建造过程中应予以资本化的借款利息

24. 本月出售产品一批,价款 5000 元(已预收),产品成本为 4000 元。如不考虑增值税,应做会计分录为( )。

    A. 借：银行存款   5000

       贷：主营业务收入   5000

    B. 借：预收账款   5000

       贷：主营业务收入   5000

    C. 借：主营业务成本   4000

       贷：库存商品   4000

D. 借：主营业务成本　　　　　　　　　　　　　　4000
　　贷：生产成本　　　　　　　　　　　　　　　　　4000

25. 企业销售商品的业务可能借记的账户有(　　　)账户。
　　A. "银行存款"　　　　　　　　　　　B. "预收账款"
　　C. "应交税费——应交增值税"　　　　D. "应收账款"

26. 企业销售商品交纳的下列各项税费,计入"营业税金及附加"科目的有(　　　)。
　　A. 消费税　　　　　　　　　　　　　B. 增值税
　　C. 教育费附加　　　　　　　　　　　D. 城市维护建设税

27. 某生产企业2009年8月,销售一批化妆品,销售价款为100万元,应收取的增值税销项税额为17万元,应交纳的消费税为30万元,该批化妆品的成本为80万元,另发生相关销售费用0.5万元。根据上述资料,下列表述正确的有(　　　)。
　　A. 该企业8月应在"主营业务成本"账户中反映借方发生额80万元
　　B. 该企业8月应在"主营业务收入"账户中反映贷方发生额100万元
　　C. 该企业8月应在"销售费用"账户中反映贷方发生额0.5万元
　　D. 该企业8月应在"营业税金及附加"账户中反映借方发生额30万元

28. 下列项目应在"管理费用"中列支的有(　　　)。
　　A. 公司经费　　　　　　　　　　　　B. 劳动保险费
　　C. 业务招待费　　　　　　　　　　　D. 罚款支出

29. "财务费用"账户记录的内容是(　　　)。
　　A. 预提短期借款利息　　　　　　　　B. 支付已预提银行短期借款利息
　　C. 银行结算的手续费　　　　　　　　D. 不预提,直接支付银行短期借款利息

30. 下列收入在"营业外收入"账户中核算的内容有(　　　)。
　　A. 对外转让无形资产使用权　　　　　B. 捐赠收入
　　C. 购买国债取得的利息　　　　　　　D. 非流动资产处置利得

31. 下列项目中,会影响营业利润计算的有(　　　)。
　　A. 营业收入　　　　　　　　　　　　B. 营业税金及附加
　　C. 营业外收入　　　　　　　　　　　D. 资产减值损失

32. 下列项目应计入"营业外收入"账户贷方的有(　　　)。
　　A. 出租设备的租金收入　　　　　　　B. 接受捐赠利得
　　C. 罚款收入　　　　　　　　　　　　D. 存款利息收入

33. 下列项目应计入"营业外支出"账户借方的有(　　　)。
　　A. 非常损失　　　　　　　　　　　　B. 固定资产盘亏净损失
　　C. 罚款支出　　　　　　　　　　　　D. 捐赠支出

34. 下列账户在期末结转利润后,无余额的是(　　　)账户。
　　A. 所得税费用　　　　　　　　　　　B. 营业税金及附加
　　C. 主营业务成本　　　　　　　　　　D. 应交税费

35. 期末损益类账户结转时,应计入"本年利润"账户贷方的账户有(　　　)。
　　A. 主营业务收入　　　　　　　　　　B. 主营业务成本
　　C. 其他业务收入　　　　　　　　　　D. 营业税金及附加

36. 下列可以成为"本年利润"账户对应账户的有( )。
   A. 营业税金及附加
   B. 生产成本
   C. 利润分配
   D. 所得税费用

37. 企业的利润总额,是由( )组成的。
   A. 营业利润
   B. 投资净收益
   C. 营业外收支净额
   D. 营业税金

38. 企业本年实现净利润 67000 元,年末提取盈余公积 6700 元,分配投资者利润 2 万,则在年末应作的会计分录包括( )。
   A. 借:本年利润   67000
        贷:利润分配   67000
   B. 借:利润分配   6700
        贷:盈余公积   6700
   C. 借:利润分配   67000
        贷:本年利润   67000
   D. 借:利润分配   20000
        贷:应付股利   20000

39. 下列账户之间可以形成对应关系的有( )。
   A. "固定资产"与"实收资本"
   B. "制造费用"与"本年利润"
   C. "生产成本"与"主营业务成本"
   D. "预付账款"与"原材料"

40. 留存收益包括( )。
   A. 法定盈余公积
   B. 资本公积
   C. 任意盈余公积
   D. 未分配利润

41. 企业实现的净利润应进行下列分配( )。
   A. 计算缴纳所得税
   B. 提取法定盈余公积金
   C. 向投资者分配利润
   D. 提取任意盈余公积金

42. 按照《中华人民共和国公司法》规定,公司提取的法定盈余公积和任意盈余公积可用于( )。
   A. 扩大公司生产经营
   B. 弥补公司亏损
   C. 转增资本
   D. 作为股利向投资者分配

43. 关于"利润分配"账户,下列表述中正确的是( )。
   A. 平时,贷方一般不作登记
   B. 借方登记实际分配的利润数额
   C. 年末结转后,本账户应无余额
   D. 年末结转后,借方余额表示未弥补亏损
   E. 年末结转后,贷方余额表示未分配利润

44. 下列关于"利润分配"账户的表述中,正确的有( )。
   A. 年末结转后,贷方余额表示未分配利润
   B. 借方登记实际分配的利润数额
   C. 年末结转后,本账户应无余额

  D. 计提盈余公积可能导致利润分配账户的期末贷方余额增加

45. 关于利润分配核算,下列表述正确的有(　　　)。

  A. 企业应设置"利润分配"账户,其贷方登记企业已分配的利润数额

  B. 设置"盈余公积"账户,其贷方登记提取的盈余公积数额

  C. "应付利润"账户用来反映和监督企业向投资者支付利润情况,期末余额一般在贷方

  D. 企业在向投资者分配利润后,剩余部分可以按规定提取盈余公积

三、判断正误(请在每小题后面的括号内填入判断结果,正确的用"√"表示,错误的用"×"表示)

1. 企业一般应设置"预收账款"科目,核算企业按照购销合同规定,向购货单位预先收取的款项;对于预收货款业务不多的企业,可以不设置"预收账款"科目,其所发生的预收账款,通过"应付账款"科目核算。　　　　　　　　　　　　　　　　　　　　(　　)

2. 2009 年 3 月 28 日,飞达公司购入一台固定资产,增值税专用发票注明价款为 200000元,增值税为 34000 元并可以抵扣;发生运费 5000 元,税务部门允许按 7% 的扣除率计算扣除增值税。该项固定资产的入账价值为 204650 元。　　　　　　　　　(　　)

3. 应收及预付款项都是企业的短期债权,应收账款收取的对象是货物,预付账款的收取对象是货币资金。　　　　　　　　　　　　　　　　　　　　　　　　　　　(　　)

4. 凡是由本期产品负担的费用,应按实际支付数全部计入本期成本。　　　　　(　　)

5. "生产成本"账户是用来计算产品的生产成本,而产品属于资产。因此,"生产成本"账户按照会计要素分类属于资产类账户。　　　　　　　　　　　　　　　　(　　)

6. "累计折旧"是资产类账户,因此,当折旧增加时应计入"累计折旧"账户的借方。

  　　　　　　　　　　　　　　　　　　　　　　　　　　　　　　　　(　　)

7. 成本类账户期末一般无余额。　　　　　　　　　　　　　　　　　　(　　)

8. 构成产品制造成本的是"直接材料"、"直接人工"两个项目,"制造费用"属于管理费用,不构成产品成本。　　　　　　　　　　　　　　　　　　　　　　　　(　　)

9. 在月末没有在产品的情况下,生产成本明细账内归集的费用总额,就是完工产品成本。

  　　　　　　　　　　　　　　　　　　　　　　　　　　　　　　　　(　　)

10. 管理费用是企业行政部门为组织和管理生产经营活动而发生的各项费用,包括企业行政人员的工资和福利费、办公费、折旧费、借款利息等。　　　　　　　　　(　　)

11. 会计期末计提的各类借款利息应计入"应付利息",作为流动负债反映。　　(　　)

12. 企业每月末都应计提短期借款利息,并将其计入"应付利息"账户核算。　　(　　)

13. 企业出售无形资产取得的收入扣除无形资产的账面余额和应支付的税费后的净收益,贷记"营业外收入"科目。　　　　　　　　　　　　　　　　　　　　(　　)

14. 将应计入"管理费用"的项目误计入"营业外支出"项目,会影响利润表中营业利润项目计算的正确性,但是对利润总额的计算没有影响。　　　　　　　　　　(　　)

15. 企业本期应交所得税等于利润总额乘以适用税率。　　　　　　　　　　(　　)

16. 损益类账户增加在借方,减少在贷方,期末没有余额。　　　　　　　　(　　)

17. 销售费用、管理费用和营业外支出都是损益类账户。　　　　　　　　　(　　)

18. 收入类账户在期末结转后,一般无余额。　　　　　　　　　　　　　(　　)

19. 当企业本期收入大于费用时,表示企业取得了盈利,最终导致企业所有者权益的增加。 （　　）

20. 当企业所有者权益增加时,必然表现为企业资产的增加。 （　　）

21. "营业税金及附加"账户属于成本类账户。 （　　）

22. 某企业年初未分配利润贷方余额200万元。本年实现净利润1000万元,提取法定盈余公积100万元,提取任意盈余公积50万元,则该企业年末可供投资者分配利润为1000万元。 （　　）

23. 年度终了,企业应将全年的净亏损转入"利润分配"账户的借方。 （　　）

24. 以资本公积转增资本均会使企业的所有者权益增加。 （　　）

四、综合题

1. 根据下列经济业务内容,按权责发生制和收付实现制原则计算企业1月的收入和费用。

   (1) 本月销售产品60000元,收到货款40000元存入银行,其余未收;

   (2) 用银行存款支付1月~6月的仓库租金48000元;

   (3) 本月应计提银行借款利息2000元;

   (4) 收到上年12月应收未收的销货款9000元;

   (5) 收到购货单位预付货款20000元,下月交货;

   (6) 计提本月职工薪酬6000元。

业务号	权责发生制		收付实现制	
	收入	费用	收入	费用
①				
②				
③				
④				
⑤				
⑥				
合　计				

2. 南京俊达电子设备有限公司所属装修队的营业用房是从海南公司租入的。该营业用房2009年1月发生下列有关经济业务:

   (1) 1日,用银行存款预付第一季度的房屋租金4500元。

   (2) 3日,用现金支付去年电费450元。

   (3) 5日,为顾客进行房屋装修收到现金1200元。

   (4) 8日,收到伊利公司上年所欠的房屋修理费1350元。

   (5) 15日,为安达公司装修房屋已完成(本月开始修理),修理费750元已于上年末预收。

   (6) 23日,为达圆宾馆装修客房,应收装修费1800元,尚未收到。

   (7) 25日,用现金支付本月职工工资900元。

（8）28 日,计算本月应交煤气费 420 元,尚未支付。

（9）31 日,预收天津某企业装修费 500 元,预定下月初开始装修。

月末,会计部张南部长向公司总经理提交了当月的利润表,从利润表中可知,该装修店 1 月取得收入 3750 元,发生费用 2820 元,实现利润 930 元。总经理看完利润表后认为当月的利润没有那么多,原因是 1 月装修店发生的费用很多,收回的资金没有几笔。总经理问会计部张南部长:利润表的利润是如何计算出来的? 张南部长回答:利润表是按照权责发生制原则确定的。伍经理接着问:什么是权责发生制;这个原则,与我认为的"收到钱就是收入,付出钱就是费用"有什么区别?

要求:

（1）回答总经理所问的问题。

（2）对 1 月发生的业务,按权责发生制原则和收付实现制原则计算当月的利润,填入下表。

经济业务	权责发生制		收付实现制	
	收入	费用	收入	费用
①				
②				
③				
④				
⑤				
⑥				
⑦				
⑧				
⑨				
合　计				
利润总额				

3. 南京俊达电子设备有限公司 2009 年 3 月发生下列经济业务:

（1）收到投资者投资 350000 元,存入银行。

（2）购入机器设备一台,价款 200000 元,增值税 34000 元,以银行存款支付。

（3）向某公司购入材料一批,货款 170000 元尚未支付,材料已验收入库。

（4）从银行提取现金 5000 元。

（5）采购员李力预借差旅费 900 元,现金付讫。

（6）销售产品一批,货款 150000 元,增值税尚未收到。

（7）以银行存款支付行政管理办公用品费 7600 元。

（8）以银行存款支付广告费 20000 元。

（9）收回应收的货款 150000 元,存入银行。

（10）将现金 5000 元存入银行。

要求：

（1）根据上述经济业务编制会计分录，填入会计分录簿。

会计分录簿

序号	业务描述	会计分录
1		
2		
3		
4		
5		
6		
7		
8		
9		
10		

（2）以"T"形账表示其记账形式。

银行存款		实收资本					
①350000			①350000				

（3）编制本月发生额试算平衡表。

会计科目	借方发生额	贷方发生额
合　计		

4. 南京俊达电子设备有限公司 2009 年发生下列经济业务:

(1) 1 月 1 日,收到中发公司以人民币形式投入的资本 350000 元。财会收到了进账单(收账通知)和收款收据。

(2) 1 月 2 日,收到中华投资公司投入全新车床一台,价值 300000 元,交付使用。财会收到中华投资公司的"普通发票"1 张(略)。

(3) 由于季节性资金需求,于 2009 年 1 月 1 日向银行借款 100000 元,期限 3 个月,年利率 12%,到期一次还本付息。财会收到银行专用"借款借据"(代收账通知)。

(4) 4 月 1 日,开出转账支票归还短期借款本金 100000 元。

要求:

根据上述业务填制会计分录簿,注意筹集资金业务两种类型。

会计分录簿

序号	业务描述	会计分录
1		
2		
3		
4		

5. 南京俊达电子设备有限公司 2009 年 11 月发生下列经济业务:

(1) 6 日,财会收到"增值税专用发票(发票联)"和"信汇④(收款通知)"。业务内容:从包头钢铁厂购入甲材料 5000 千克,每千克 5.50 元,乙材料 6000 千克,每千克 4.18 元,增值税率为 17%,未入库。

(2) 8 日,财会收到"转账支票(存根)"和"运输费发票"。业务内容:支付上述甲、乙材料的运输费 1650 元,运输费按材料重量比例分配。

(3) 9 日,财会收到"材料采购成本计算单"和"材料入库单",结转采购成本。

(4) 12 日,财会收到"增值税专用发票"和"运输费发票"。业务内容:向 A 工厂购入丙材料 2000 千克,每千克 14.10 元,增值税率为 17%,A 工厂代垫运杂费 900 元。采用托收承付结算方式结算,材料未运到,"托收承付(付款通知)"尚未到达。

(5) 13 日,财会收到"材料入库单"和"材料采购成本计算单"。业务内容:结转上述丙材料的实际采购成本。

(6) 15 日,财会收到"托收承付⑤(付款通知)"。业务内容:承付上述丙材料的价款、增值税款和代垫运输费。

(7) 18 日,财会收到了"电汇①(回单)"。业务内容:归还上月欠 B 工厂的采购材料款 64000 元。

要求：

（1）编制会计分录，填制会计分录簿。

（2）填制甲、乙材料的"运输费分配表"。

（3）填制甲、乙材料的"材料采购成本计算单"。

会计分录簿

序号	业务描述	会计分录
1		
2		
3		
4		
5		
6		
7		

运输费分配表   金额单位：元

分配对象	分配标准	分配率	分摊额
合　计			

会计　　　　　　　复核　　　　　　　制表

材料采购成本计算单　　　　　　　　　　　金额单位:元

购入材料品种	买价	应承担的运杂费	采购成本
合　　计			

　　　　　会计　　　　　　　　复核　　　　　　　制表

6. 南京俊达电子设备有限公司 2009 年 4 月发生下列经济业务:

(1) 1 日,财会收到"领料单"。业务内容:生产 A 产品耗用甲材料 2000 千克,生产 B 产品耗用甲材料 1000 千克,车间一般消耗甲材料 150 千克,厂部一般消耗甲材料 350 千克。甲材料每千克 5. 51 元。

(2) 5 日,财会收到"转账支票(存根)"和"普通发票(发票联)"。业务内容:支付下季度的报刊杂志订阅费 1500 元。

(3) 15 日,财会收到"现金支票(存根)"。业务内容是:提取现金 150000 元备发工资。

(4) 15 日,财会收到"工资结算单"。业务内容:以现金发放职工工资 150000 元。

(5) 30 日,财会编制"工资费用分配表",分配本月职工工资 150000 元,其中:生产 A 产品工人工资 40000 元,生产 B 产品工人工资 60000 元,车间管理人员工资 20000 元,行政管理部门人员工资 30000 元。

(6) 30 日,财会编制"固定资产折旧计算表",计提本月固定资产折旧 30000 元,其中:车间固定资产折旧 20000 元,行政管理部门固定资产折旧 10000 元。

(7) 30 日,财会编制"水电费分配表",分配应由本月负担的水电费共 1700 元。其中:车间承担 1000 元,行政管理部门承担 700 元。

(8) 30 日,财会编制"制造费用分配表",按 A 产品和 B 产品生产工人工资(见第⑤题)的比例分配结转本月制造费用。

(9) 30 日,财会收到"产品成本计算单"和"产成品入库单"。业务内容:本月投产的 A 产品 1000 件,全部完工,B 产品 80 件均未完工,计算并结转完工入库 A 产品的生产成本。

(10) 计提本月短期借款利息 500 元。

要求:

(1) 编制会计分录,填制会计分录簿。

(2) 编制"制造费用分配表"。

(3) 编制 A 产品的"产品成本计算单"。

会计分录簿

序号	业务描述	会计分录
1		
2		
3		
4		
5		
6		
7		
8		
9		
10		

制造费用分配表

年　月　日

金额单位:元

分配对象	分配标准	分配率	分摊额
合　　计			

会计　　　　　　　　　　复核　　　　　　　　　制表

产品成本计算表

产品名称:A产品　　　　　　　　年　月　日

成本项目	期初在产品成本	本月发生费用	生产费用合计	完工产品成本	单位成本	期末在产品成本
直接材料	5000					
直接人工	3200					
制造费用	4800					
合　计	13000					

会计　　　　　　　　复核　　　　　　　　制表

7. 南京俊达电子设备有限公司 2009 年 10 月发生了下列经济业务:

(1) 8 日,财会收到"增值税专用发票(记账联)"和"进账单(收账通知)"。业务内容:销售 A 产品 600 件,每件售价 200 元,增值税率为 17%。

(2) 10 日,财会收到"增值税专用发票(记账联)"和"托收承付①(回单)"。业务内容:向兴盛工厂销售 A 产品 200 件,每件售价 200 元,增值税率为 17%。

(3) 15 日,财会收到"托收承付④(收账通知)"。业务内容:收到兴盛工厂承付的 A 产品货款及增值税 46800 元。

(4) 16 日,财会收到"电汇①(回单)"和"广告费发票(发票联)"。业务内容:向省电视台支付广告费 2800 元。

(5) 18 日,财会收到"转账支票(存根)"和"运输费发票"。业务内容:销售产品送货上门,支付产品运费 500 元,按 7% 抵扣进项税。

(6) 6 日,财会收到"转账支票(存根)"和"纳税申报表(回单)"。业务内容:支付上月应交增值税 4600 元,应交城市维护建设税 332 元。

(7) 30 日,计提本月应交城市维护建设税 286 元。

(8) 30 日,财会编制"产品销售成本计算单",本月销售 A 产品 800 件,A 产品单位成本为 156 元。结转 A 产品销售成本。

要求:

(1) 编制会计分录,填制会计分录簿。

会计分录簿

序号	业务描述	会计分录
1		
2		
3		
4		
5		
6		
7		
8		

（2）计算本月营业利润。

产品成本计算表

产品名称：A 产品　　　　　　　　　　　　　　　　　　　　　　单位：元

成本项目	期初在产品成本	本月发生费用	主营生产费用	合计生产费用	完工产品成本	本月产量	单位成本	本期成本	期末在产品成本
直接材料		5000							
直接人工		3200							
制造费用		4800							

8. 南京俊达电子设备有限公司有关财务成果形成与分配的经济业务。

（1）2009 年 11 月 30 日有关损益类账户的累计发生额（1 月～11 月累计发生额）如下表所列：

账户名称	借方累计发生额	贷方累计发生额
主营业务收入		500000
主营业务成本	365000	
营业税金及附加	35000	
其他业务收入		6000
其他业务成本	3500	
销售费用	20000	
管理费用	4000	
财务费用	1000	
营业外收入		4000
营业外支出	1500	

（2）2009 年 11 月 30 日，"本年利润"账户的贷方余额为 80000 元，"利润分配——未分配利润"账户期初贷方余额 10000 元。

（3）2009 年 12 月发生下列经济业务：

① 5 日，财会收到"增值税专用发票（记账联）"和"电汇④（收账通知）"业务内容：销售 C 产品 2000 千克，每千克 100 元。增值税率 17%。

② 8 日，财会收到"增值税专用发票（记账联）"和"进账单（收款通知）"。业务内容：销售生产剩余甲材料 500 千克，每千克 9.00 元，增值税率为 17%。

③ 10 日，财会收到"收款收据（付款单位报销联）"。业务内容：以现金支付产品展览费 500 元。

④ 15 日，财会收到"专用收款收据（付款单位报销联）"和"转账支票（存根）"。业务内容：向希望工程捐款 50000 元。

⑤ 18 日，财会收到"专用收款收据（收款单位记账依据）"。业务内容：以现金方式收到违约罚款 800 元。

⑥ 30 日，财会编制"银行借款利息计单"计提本月负担的短期借款利息 600 元。

⑦ 30 日，财会编制"城市维护建设税计算表"，计提本月应交城市维护建设税 780 元。

⑧ 31 日，财会编制"产品销售成本计算单"，结转本月销售 C 产品的生产成本。C 产品单位生产成本为 50 元。

⑨ 31 日，财会编制"材料销售成本计算单"，结转本月销售甲材料的采购成本，甲材

料的单位采购成本为 5.51 元。

⑩ 31 日,将损益类账户的期末余额转入"本年利润"账户。

⑪ 31 日,按全年利润的 25% 计提应交所得税,并将计提的所得税转入"本年利润"账户。

⑫ 31 日,按全年净利润的 10% 计算提取盈余公积。

⑬ 31 日,按全年净利润的 35% 计算应付给投资者利润。

⑭ 31 日,将"本年利润"账户的年末余额和"利润分配——提取盈余公积、利润分配——应付利润"明细账户的年末余额,分别转入"利润分配——未分配利润"明细账户。

要求:

(1) 编制会计分录,填制会计分录簿。

会计分录簿

序号	业务描述	会计分录
1		
2		
3		
4		
5		
6		
7		
8		
9		
10		
11		
12		
13		
14		

（2）列式计算该厂 2009 年营业利润、利润总额、净利润和期末未分配利润。

（3）登记"本年利润"总分类账户和"利润分配"明细类账户（采用"T"形账）。

本年利润

利润分配——未分配利润

利润分配——提取盈余公积

利润分配——应付利润

9. 南京俊达电子设备有限公司 2009 年 12 月发生的经济业务如下：

（1）1 日，仓库发出 A 材料 50000 元，用于生产甲产品 32000 元，乙产品 18000 元。

（2）2 日,仓库发出 B 材料 3000 元,供车间使用。

（3）10 日,从银行存款中提取现金 24000 元,备发工资。

（4）10 日,以现金支付职工工资 24000 元。

（5）11 日,向永明厂购入 A 材料 26300 元,增值税率 17%,该厂垫付运杂费 1000 元,货款以银行存款支付,材料已验收入库,按其实际采购成本转账。

（6）12 日,向实盛达公司购入 B 材料 40000 元,增值税率 17%,货款尚未支付,材料已到达,但尚未验收入库。

（7）13 日,以现金支付上述购入材料的搬运费 700 元,并按其实际采购成本转账。

（8）14 日,收到兴华工厂还来欠款 4000 元存入银行。

（9）15 日,以银行存款支付上月应交税费 2300 元。

（10）31 日,本月职工工资分配如下:甲产品生产工人工资 10000 元,乙产品生产工人工资 10000 元,车间职工工资 3000 元,行政管理部门职工工资 1000 元,合计 240000 元。

（11）31 日,计提本月固定资产折旧 2600 元,其中:车间使用固定资产折旧 1800 元,行政管理部门用固定资产折旧 800 元。

（12）31 日,将制造费用按生产工人工资比例分配到甲产品、乙产品两种产品成本中。

（13）31 日,甲产品已全部加工完,共计 20000 千克,按其实际生产成本转账。

（14）31 日,出售产成品给华发工厂,计甲产品 18000 千克,每千克售价 30 元,乙产品 4400 台,每台售价 31 元,结转上述出售产成品生产成本,计甲产品每千克 20 元,乙产品每台 10 元。

（15）31 日,用现金支付销售产品包装费、装卸费等销售费用 1000 元。

（16）31 日,预提临时借款利息 4000 元。

（17）31 日,出售多余 C 材料 4000 元,增值税额 680 元,款项存入银行,同时结转该材料的实际成本 2400 元。

（18）31 日,收到实达公司支付的合同违约罚金 1600 元。

（19）31 日,计提本月应交城市维护建设税 2000 元。

（20）31 日,以现金方式收到违约金 300 元。

（21）31 日,将 12 月各损益账户余额转至"本年利润"账户,计算出 12 月利润总额。

（22）31 日,"本年利润"账户 12 月期初贷方余额为 400000 元,"利润分配——未分配利润"贷方余额 260000 元,按全年利润总额的 25% 计提应交所得税,并将"所得税"账户余额转入"本年利润"账户。

（23）31 日,按全年税后利润额 10% 提取盈余公积金。

（24）31 日,按全年税后利润额 20% 计算登记应付投资者利润。

（25）31 日,将"本年利润"账户的年末余额和"利润分配——提取盈余公积、利润分配——应付股利"明细账户的年末余额,分别转入"利润分配——未分配利润"明细账户。

要求:

（1）编制会计分录,填制分录簿。

会计分录簿

序号	业务描述	会计分录
1		
2		
3		
4		
5		
6		
7		
8		
9		
10		
11		
12		
13		
14		
15		
16		

（续）

序号	业务描述	会计分录
17		
18		
19		
20		
21		
22		
23		
24		
25		

（2）列式计算该厂12月营业利润、12月利润总额、全年净利润和年末未分配利润。

（3）登记"本年利润"总分类账户和"利润分配"明细类账户（采用"T"形账）。

本年利润   利润分配——未分配利润

10. 资料一：假定 A、B、C 三公司共同投资组成通达运输有限公司。按通达运输有限公司的章程规定,注册资本为 900 万元,A、B、C 三方各占三分之一的股份。

假定 A 公司以厂房投资,该厂房原值 500 万元,已提折旧 300 万元,投资各方确认的价值为 300 万元(同公允价值);

B 公司以价值 200 万元的新设备一套和价值 100 万元的一项专利权投资,其价值已被投资各方确认,并已向 A、B、C 公司移交了专利证书等有关凭证;

C 公司以货币资金 300 万元投资,已存入通达运输有限公司的开户银行。

资料二：假定 D 公司有意投资通达运输有限公司,经与 A、B、C 三公司协商,注册资本增加到 1200 万元,A、B、C、D 四方各占四分之一股权。D 公司需以货币资金出资 400 万元,以取得 25％ 的股份。协议签订后,修改了原公司章程,D 公司所出 400 万元已存入通达运输有限公司的开户银行,并办理了变更登记手续。

要求：

(1) 根据资料一,分别就通达运输有限公司实际收到 A 公司、B 公司、C 公司投资时编制有关会计分录。

(2) 根据资料二,编制实际收到 D 公司投资时的会计分录。

一、单选选择题(下列每小题备选答案中,只有一个符合题意的正确答案。请将选定答案的编号,用英文大写字母填入括号内)

1. 会计的日常核算工作主要是(　　)。
   A. 财产清查
   B. 设置账户和会计科目
   C. 填制会计凭证
   D. 编制会计报表

2. 原始凭证按其来源不同,分为(　　)。
   A. 外来凭证和自制凭证
   B. 原始凭证和记账凭证
   C. 专用记账凭证和通用记账凭证
   D. 一次使用凭证和累计使用凭证

3. 下列原始凭证中,属于累计凭证的是(　　)。
   A. 增值税专用发票
   B. 发料凭证汇总表
   C. 限额领料单
   D. 差旅费报销单

4. 在会计实务中,原始凭证按照填制手续及内容不同,可以分为(　　)。
   A. 通用凭证和专用凭证
   B. 收款凭证、付款凭证和转账凭证
   C. 外来原始凭证和自制原始凭证
   D. 一次凭证、累计凭证和汇总凭证

5. 下列会计凭证中,只需反映价值量不反映实物量的是(　　)。
   A. 材料入库单
   B. 实存账存对比表
   C. 工资分配汇总表
   D. 限额领料单

6. 下列原始凭证中,属于累计凭证的是(　　)。
   A. 收料单
   B. 发货票
   C. 领料单
   D. 限额领料单

7. 下列属于原始凭证的是(　　)。
   A. 银行存款余额调节表
   B. 购货合同书
   C. 银行对账单
   D. 实存账存对比表

8. 差旅费单据属于(　　)。
   A. 自制原始凭证
   B. 累计使用原始凭证
   C. 外来原始凭证
   D. 多次使用的原始凭证

9. 原始凭证金额有错误的,应当(　　)。
   A. 在原始凭证上更正
   B. 由出具单位更正并且加盖公章
   C. 由经办人更正
   D. 由出具单位重开,不得在原始凭证上更正

10. 在一定时期内连续记录若干项同类经济业务的会计凭证是(　　)。
    A. 原始凭证
    B. 累计凭证
    C. 记账凭证
    D. 一次凭证

11. 下列原始凭证中,属于汇总原始凭证的是(　　　)。
    A. 收料单
    B. 差旅费报销单
    C. 领料单
    D. 限额领料单

12. 对于一些经常重复发生的经济业务,可以根据同类原始凭证编制(　　　)。
    A. 记账凭证
    B. 原始凭证汇总表
    C. 收料汇总表
    D. 发料汇总表

13. 下列各项中,不属于自制原始凭证的是(　　　)。
    A. 限额领料单
    B. 产品出库单
    C. 购货发票
    D. 物资发放明细表

14. (　　　)是用以调整财产物资账簿记录的重要原始凭证,也是分析产生差异的原因,明确经济责任的依据。
    A. 盘存单
    B. 实存账存对比表
    C. 银行对账单
    D. 银行存款余额调节表

15. 以下项目中,属于一次凭证和累计凭证的主要区别是(　　　)。
    A. 一次凭证是记载一笔经济业务,累计凭证是记载多笔经济业务
    B. 累计凭证是自制原始凭证,一次凭证是外来原始凭证
    C. 累计凭证填制的手续是多次完成的,一次凭证填制的手续是一次完成的
    D. 累计凭证是汇总凭证,一次凭证是单式凭证

16. 关于原始凭证的填制,下列说法不正确的是(　　　)。
    A. 不得以虚假的交易填制原始凭证
    B. 从外单位取得的原始凭证必须盖章
    C. 一式多联的原始凭证,只能以一联用作报销凭证
    D. 收回职工借款时,可将原借款借据正联退回,不必另开收据

17. 下列做法中,符合《会计基础工作规范》规定的是(　　　)。
    A. 自制原始凭证无需经办人签名或盖章
    B. 外来原始凭证金额错误,可在原始凭证上更正但需签名或盖章
    C. 凡是账簿记录金额错误,都可以采用"划线更正法"予以更正
    D. 销售商品1000.84元,销货发票大写金额为:壹仟元零捌角肆分

18. 下列内容不属于原始凭证审核的是(　　　)。
    A. 凭证是否有填制单位的公章和填制人员签章
    B. 凭证是否符合规定的审核程序
    C. 凭证是否符合有关计划和预算
    D. 会计科目使用是否正确

19. 下列关于原始凭证的填制与审核要求正确的是(　　　)。
    A. 填制凭证的单位名称不必写明全称,可以简写单位名称
    B. 一式几联的原始凭证,必须每联都注明用途
    C. 预先印有号码的凭证,不一定要按顺序连续使用,可以跳号
    D. 除某些专业票据如车船票等以外,其他一切票据和收款收据都必须印有税务机关的全国统一发票监制章

20. 会计机构和会计人员对真实、合法、合理但内容不准确、不完整的原始凭证,应当(　　)。
    A. 不予受理　　　　　　　　　　　B. 予以受理
    C. 予以纠正　　　　　　　　　　　D. 予以退回,要求更正、补充

21. 会计机构和会计人员对不真实、不合法的原始凭证和违法收支,应当(　　)。
    A. 不予接受　　　　　　　　　　　B. 予以退回
    C. 予以纠正　　　　　　　　　　　D. 不予接受,并向单位负责人报告

22. 会计凭证的传递范围是在(　　)。
    A. 本单位与外单位有关部门和人员之间　B. 本单位与银行之间
    C. 本单位与税收部门和人员之间　　D. 本单位内部有关部门和人员之间

23. 关于原始凭证正确性的审核,下列表述不正确的是(　　)。
    A. 原始凭证上阿拉伯数字分开填写,不得连写
    B. 小写金额前要标明货币币种符号或货币名称缩写,金额一般要标至“分”,无角分的,可直接标至“元”
    C. 大写金额与小写金额要相符
    D. 凭证中有书写错误的,应采用正确的方法更正

24. 为保证会计账簿记录的正确性,会计人员编制记账凭证时必须依据(　　)。
    A. 金额计算正确的原始凭证　　　　B. 填写齐全的原始凭证
    C. 审核无误的原始凭证　　　　　　D. 盖有填制单位财务公章的原始凭证

25. 记账凭证是(　　)。
    A. 编制会计报表的依据　　　　　　B. 登记账簿的依据
    C. 编制汇总原始凭证的依据　　　　D. 编制会计分录的依据

26. 根据同一原始凭证编制几张记账凭证的,应(　　)。
    A. 编制原始凭证分割单
    B. 采用分数编号的方法
    C. 不必做任何说明
    D. 在未附原始凭证的记账凭证上注明其原始凭证在哪张记账凭证中

27. 下列记账凭证可以不附原始凭证的是(　　)。
    A. 调账分录　　　　　　　　　　　B. 更正错账的分录
    C. 转账分录　　　　　　　　　　　D. 一般的会计分录

28. 原始凭证和记账凭证的相同点是(　　)。
    A. 编制的时间相同　　　　　　　　B. 反映的经济业务的内容相同
    C. 所起的作用相同　　　　　　　　D. 经济责任的当事人相同

29. 在实际工作中,规模小、业务简单的单位,为了简化会计核算工作,可以使用一种统一格式的(　　)。
    A. 转账凭证　　　　　　　　　　　B. 收款凭证
    C. 付款凭证　　　　　　　　　　　D. 通用记账凭证

30. 某公司出纳小郑到开户银行提取现金5000元,单位记账人员应根据有关原始凭证编制(　　)。
    A. 现金收款凭证　　　　　　　　　B. 现金付款凭证

C. 银行付款凭证   D. 银行收款凭证

31. 某企业采用专用记账凭证格式,行政管理部门王某前来报销差旅费 2600 元(原预借 3000 元),多余现金交还财务科。会计人员应当填制的记账凭证是( )。

 A. 只填制现金收款凭证

 B. 只填制转账凭证

 C. 除填制现金收款凭证外还要填制转账凭证

 D. 除填制现金付款凭证外还要填制转账凭证

32. 销售商品 50000 元,当即收到转账支票一张,计 35000 元,其余暂欠,该笔经济业务应编制( )。

 A. 一张转账凭证和一张收款凭证   B. 一张转账凭证

 C. 一张银行收款凭证   D. 一张收款凭证和一张付款凭证

33. 企业预提利息费用时,应编制的会计凭证是( )。

 A. 收款凭证   B. 付款凭证

 C. 转账凭证   D. 汇总凭证

34. 4 月 15 日行政管理人员王明将标明日期为 3 月 26 日的发票拿来报销,经审核后会计人员依据该发票编制记账凭证时,记账凭证的日期应为( )。

 A. 3 月 26 日   B. 3 月 31 日

 C. 4 月 15 日   D. 4 月 1 日

35. 出纳人员在办理收款或付款后,应在有关( )盖上"收讫"、"付讫"章,以防止重收或重付。

 A. 原始凭证   B. 记账凭证

 C. 原始凭证及记账凭证   D. 付款凭证

36. 填制记账凭证如发现错误,正确的处理方法是( )。

 A. 划线更正并签名   B. 划线更正并加盖单位公章

 C. 重新填制记账凭证   D. 划线更正并签名加盖单位公章

37. 某会计人员在审核记账凭证时,发现误将 1000 元写成 100 元,尚未入账,一般应采用( )改正。

 A. 重新编制记账凭证   B. 红字更正法

 C. 补充登记法   D. 冲账法

38. 已经登记入账的记账凭证,在当年内发现有误,可以用红字填写一张与原内容相同的记账凭证,在摘要栏注明( ),以冲销原错误的记账凭证。

 A. 注销某月某日号凭证   B. 订正某月某日号凭证

 C. 经济业务的内容   D. 对方单位

39. 企业生产车间领用材料 40000 元,填制记账凭证时,误将"生产成本"科目填为"管理费用",并已登记入账,应采用的正确更正方法是( )。

 A. 划线更正法   B. 补充登记法

 C. 红字更正法   D. 更换账页法

40. 关于会计凭证的传递与保管,以下说法不正确的是( )。

 A. 保证会计凭证在传递过程中的安全、及时、准确和完整

B. 要建立会计凭证交接的签收手续

C. 会计凭证记账完毕后,应当按分类和编号装订成册

D. 原始凭证不得外借,也不得复制

41. 某企业采用专用记账凭证格式,行政管理部门王某前来报销差旅费 2600 元(原预借 3000 元),多余现金交还财务科。会计人员应当填制的记账凭证是(　　　)。

　　A. 只填制现金收款凭证

　　B. 只填制转账凭证

　　C. 除填制现金收款凭证外还要填制转账凭证

　　D. 除填制现金付款凭证外还要填制转账凭证

42. 现金收款凭证上的日期应当是(　　　)。

　　A. 编制收款凭证的日期　　　　　　B. 收取现金的日期

　　C. 所附原始凭证上注明的日期　　　D. 登记现金总账的日期

43. 下列哪项不是记账凭证的基本要素(　　　)。

　　A. 记账凭证的名称、日期、编号及经济业务摘要

　　B. 交易或事项涉及的会计科目、记账方向及金额

　　C. 记账标记及原始凭证附件

　　D. 单位负责人签章

44. 下列哪项属于外来原始凭证(　　　)。

　　A. 工资汇总表　　　　　　　　　　B. 发出材料汇总表

　　C. 银行收款通知单　　　　　　　　D. 领料单

二、多项选择题(下列每小题备选答案中,有两个或两个以上符合题意的正确答案。请将选定答案的编号,用英文大写字母填入括号内)

1. 原始凭证按其来源不同可分为(　　　)。

　　A. 累计凭证　　　　　　　　　　　B. 自制凭证

　　C. 外来凭证　　　　　　　　　　　D. 一次凭证

2. 原始凭证作为会计凭证之一,其作用可以是(　　　)。

　　A. 记录经济业务　　　　　　　　　B. 明确经济责任

　　C. 作为登账的依据　　　　　　　　D. 作为编表的依据

3. 下列属于原始凭证的有(　　　)。

　　A. 制造费用分配表　　　　　　　　B. 工资分配表

　　C. 银行收款通知单　　　　　　　　D. 银行对账单

4. 以下各项中,原始凭证所必须具备的基本内容包括(　　　)。

　　A. 凭证名称、填制日期和编号　　　B. 经济业务内容摘要

　　C. 对应的记账凭证号数　　　　　　D. 填制、经办人员的签字、盖章

5. 下列会计记账凭证中,属于自制原始凭证的是(　　　)。

　　A. 工资分配表　　　　　　　　　　B. 销货发票

　　C. 购货发票　　　　　　　　　　　D. 火车票

6. 自制原始凭证按填制的手续不同可分为(　　　)。

　　A. 一次凭证　　　　　　　　　　　B. 累计凭证

C. 外来凭证   D. 汇总凭证

7. 下列各项中,属于原始凭证汇总表的有( )。

 A. 收料单   B. 工资结算汇总表

 C. 限额领料单   D. 发料凭证汇总表

8. 下列说法中正确的有( )。

 A. 从个人处取得的原始凭证,必须有填制人员的签名盖章

 B. 对于已预先有编号的原始凭证在写坏时不需进行任何处理,但不得撕毁

 C. 外来原始凭证遗失时,只需取得原签发单位盖有公章的证明,可代作原始凭证

 D. 会计凭证具有监督经济活动,控制经济运行的作用

9. 关于原始凭证的填制,下列说法中正确的是( )。

 A. 不得以虚假的交易或事项为依据填制原始凭证

 B. 购买实物的原始凭证,必须有验收证明

 C. 原始凭证应在交易或事项发生或完成时立即填制

 D. 自制原始凭证必须有经办部门负责人或其指定的人员签名或盖章

10. 填制和审核会计凭证的意义是( )。

 A. 记录经济业务,提供记账依据   B. 监督经济活动,控制经济运行

 C. 明确经济责任,强化内部控制   D. 增加企业盈利,提高竞争能力

11. 对原始凭证审核的内容有( )。

 A. 真实性   B. 合理性   C. 及时性   D. 重要性

12. 对外来原始凭证进行真实性审核的内容包括( )。

 A. 是否盖本单位公章

 B. 经济业务的内容是否真实

 C. 填制凭证的日期是否真实

 D. 填制单位的公章和填制人的签章是否齐全

13. 原始凭证的合法性包括( )。

 A. 符合国家法律法规   B. 符合规定的审批权限

 C. 有总经理的核准签字   D. 履行了规定的凭证传递和审批程序

14. 关于原始凭证的审核,下列表述正确的有( )。

 A. 外来原始凭证必须有填制单位公章和填制人员的签章

 B. 自制原始凭证必须有经办部门和经办人员的签名或者盖章

 C. 审核原始凭证所记录的经济业务是否符合企业生产经营活动的需要,是否符合有关计划和预算等

 D. 对于不真实、不合法的原始凭证,会计机构和会计人员有权不予接受,并向单位负责人报告

15. 记账凭证按适用的经济业务可分为( )。

 A. 专用记账凭证   B. 一次使用的凭证

 C. 通用记账凭证   D. 多次使用的凭证

16. 记账凭证按内容分为( )。

 A. 收款凭证   B. 冲销凭证

C. 付款凭证　　　　　　　　　　　　D. 转账凭证

17. 记账凭证按其包括的会计科目是否单一分为(　　　)。
    A. 收款凭证　　　　　　　　　　　B. 付款凭证
    C. 单式凭证　　　　　　　　　　　D. 复式凭证

18. 下列各项可以作为记账凭证原始依据的有(　　　)。
    A. 银行存款余额调节表　　　　　　B. 现金盘点报告表
    C. 盘盈、盘亏报告表　　　　　　　D. 材料采购成本计算表

19. 记账凭证的填制,可以根据(　　　)。
    A. 每一张原始凭证填制　　　　　　B. 账表记录填制
    C. 若干张同类原始凭证汇总填制　　D. 原始凭证汇总表填制

20. 记账凭证的填制,可以根据(　　)编制。
    A. 每一张原始凭证　　　　　　　　B. 若干张同类原始凭证
    C. 原始凭证汇总表　　　　　　　　D. 不同内容和类别的原始凭证

21. 下列各项中属于记账凭证应具备的基本内容是(　　　)。
    A. 经济业务的内容摘要　　　　　　B. 接收凭证单位的全称
    C. 经济业务的数量　　　　　　　　D. 经济业务所涉及的会计科目和金额

22. 下列项目中,属于原始凭证和记账凭证共同具备的基本内容的是(　　　)。
    A. 凭证的名称及编号　　　　　　　B. 填制凭证的日期
    C. 填制及接受单位的名称　　　　　D. 有关人员的签章

23. 关于记账凭证的填制要求,除了内容完整、书写清楚规范以外,还必须做到(　　　)。
    A. 记账凭证应连续编号
    B. 填制记账凭证时若发生错误,应当重新填制
    C. 所有记账凭证都必须附有原始凭证
    D. 记账凭证填制完经济事项后,如有空行,应当自金额栏最后一笔金额数字下的空行处至合计数上的空行处划线注销

24. 张三出差回来,报销差旅费2000元,原预借1500元。财务补付现金500元,这笔业务应该编制的记账凭证有(　　　)。
    A. 收款凭证　　　　　　　　　　　B. 付款凭证
    C. 转账凭证　　　　　　　　　　　D. 原始凭证

25. 记账凭证应当连同所附的原始凭证或者原始凭证汇总表,按照编号顺序,折叠整齐,按期装订成册,并加具封面,注明(　　　)。
    A. 单位名称　　　　　　　　　　　B. 年度、月份
    C. 凭证种类　　　　　　　　　　　D. 起讫号码

26. 除(　　　)可以不附原始凭证外,其他记账凭证必须附有原始凭证。
    A. 转账业务的记账凭证　　　　　　B. 更正错误的记账凭证
    C. 结账的记账凭证　　　　　　　　D. 交易业务的记账凭证

27. 会计凭证传递的组织工作主要包括(　　　)方面。
    A. 规定保管期限及销毁制度
    B. 规定会计凭证的传递路线

  C. 制定会计凭证传递过程中的交接签收制度

  D. 规定会计凭证在各个环节的停留时间

28. 以下有关会计凭证的表述中正确的是(　　)。

  A. 会计凭证是记录经济业务的书面证明

  B. 会计凭证是明确经济责任的书面文件

  C. 会计凭证是编制报表的依据

  D. 会计凭证是登记账簿的依据

29. 在填制记账凭证时,下列做法中错误的有(　　)。

  A. 将不同类型业务的原始凭证合并编制一份记账凭证

  B. 一个月内的记账凭证连续编号

  C. 从银行提取现金时只填制现金收款凭证

  D. 更正错账的记账凭证可以不附原始凭证

30. 下列各项中属于记账凭证审核内容的有(　　)。

  A. 使用的会计科目是否正确　　　　B. 与所附原始凭证的内容是否相符

  C. 记账方向和金额是否正确　　　　D. 书写是否符合要求

31. 记账凭证的填制除必须做到记录真实、填制及时、书写清楚外,还必须符合下列(　　)的要求。

  A. 如有空行,应当在空行处划线注销

  B. 发生错误,应该按规定的方法更正

  C. 必须连续编号

  D. 除另有规定外,应该有附件并注明附件张数

32. 限额领料单属于(　　)。

  A. 累计原始凭证　　　　　　　　　B. 外来原始凭证

  C. 自制原始凭证　　　　　　　　　D. 一次原始凭证

33. 下列经济业务中,应填制转账凭证的是(　　)。

  A. 国家以厂房对企业投资　　　　　B. 外商以货币资金对企业投资

  C. 购买材料未付款　　　　　　　　D. 销售商品收到商业汇票一张

三、判断正误(请在每小题后面的括号内填入判断结果,正确的用"√"表示,错误的用"×"表示)

1. 原始凭证仅是填制记账凭证的依据,不能作为登记账簿的依据,只有记账凭证才是登记账簿的依据。　　　　　　　　　　　　　　　　　　　　　　　　　　　　　(　　)

2. 任何会计凭证都必须经过有关人员的严格审核并确认无误后,才能作为记账的依据。　　　　　　　　　　　　　　　　　　　　　　　　　　　　　　　　　　　　(　　)

3. 企业每项交易或事项的发生都必须从外部取得原始凭证。　　　　　　　(　　)

4. 在证明交易或事项发生,据以填制记账凭证的作用方面,自制原始凭证与外来原始凭证具有同等的效力。　　　　　　　　　　　　　　　　　　　　　　　　　　(　　)

5. 只要是真实的原始凭证,就可以作为收付财物和记账的依据。　　　　　(　　)

6. 从会计循环来看,取得、填制和审核会计凭证是会计工作的开始环节。　(　　)

7. 原始凭证不能表明交易或事项归类的会计科目和记账方向,记账凭证则可以。

（　　）

8. 自制原始凭证必须由单位会计人员自行填制,非会计人员不能填制原始凭证。

（　　）

9. 外来原始凭证都是一次凭证,自制原始凭证大部分属于一次凭证。　　（　　）

10. 涉及现金或银行存款增减的业务应编制收款凭证或付款凭证,不涉及现金和银行存款的业务则应编制转账凭证。

（　　）

11. 单式记账凭证便于分工记账,复式记账凭证不便于分工记账。　　（　　）

12. 一次凭证只能反映一项经济业务,累计凭证可以反映若干项不同的经济业务。

（　　）

13. 填制会计凭证时,所有以元为单位的阿拉伯数字,除单价等情况外,一律填写到角分;有角无分的,分位应当写"0"或用符号"－"代替。　　（　　）

14. 在填制记账凭证时,可以只填会计科目的编号,不填会计科目名称,以简化记账凭证的编制。

（　　）

15. 实行会计电算化的单位,其记账凭证可由计算机自动编制,无需经会计人员确认。

（　　）

16. 原始凭证不得外借,其他单位如因特殊需要使用原始凭证时,经批准后会计人员可以为其复制。

（　　）

17. 一式多联的原始凭证,应当注明各联的用途,只有一联作为报销凭证。　（　　）

18. 单式记账凭证包括借项记账凭证和贷项记账凭证两种。　　（　　）

19. 原始凭证对于发生和完成的经济业务具有法律证明效力。　　（　　）

20. 由于自制原始凭证的名称、用途不同,其内容、格式也不相同,因而不需要对其真实性、合法性和完整性进行审核。

（　　）

21. 在会计凭证传递的时间内,凡经办记账凭证的会计人员都有责任保管好原始凭证和记账凭证,严防在传递过程中散失。

（　　）

22. 出纳人员在办理收款或付款业务后,应在凭证上加盖"收讫"或"付讫"的戳记,以避免重收或重付款项。

（　　）

23. 企业每年装订完成的会计凭证,在年度终了时可由财务部门保管1年,期满后原则上应移交档案部门保管。

（　　）

24. 对外开出的原始凭证,必须加盖本单位的公章。　　（　　）

25. 从外单位取得的原始凭证如有遗失,应要求开具单位重新开具。　　（　　）

26. 对于文字存在较小错误的原始凭证,必须经会计人员修改后方可作为填制记账凭证和登记账簿的依据。

（　　）

27. 复式凭证是指将每一笔经济业务事项所涉及的全部会计科目及其发生额均在同一张记账凭证中反映的一种凭证,该凭证至少涉及三个会计科目。　　（　　）

28. 从外单位取得的原始凭证遗失时,必须取得原签发单位盖有公章的证明,并注明原始凭证的号码、金额、内容等,由经办单位会计机构负责人、会计主管人员审核签章后,才能代作原始凭证。

（　　）

29. 记账凭证可以根据若干张原始凭证汇总编制。　　（　　）

30. 累计凭证是在一定期间内根据多张相同的原始凭证累计而成。　　　　（　　）

31. 如果原始凭证已预先印定编号,在写坏作废时,应加盖"作废"戳记,妥善保管,不得撕毁。　　　　（　　）

32. 为了简化工作手续,可以将不同内容和类别的原始凭证汇总,填制在一张记账凭证上。　　　　（　　）

33. 自制原始凭证必须有经办单位领导人或者其他指定的人员签名盖章。　　　　（　　）

34. 原始凭证记载内容有错误的,应当由开具单位重开或更正,并在更正处加盖出具凭证单位印章。　　　　（　　）

35. 会计凭证的传递,是指会计凭证从填制到归档保管整个过程中,在单位内部各有关部门和人员之间的传递速度。　　　　（　　）

36. 如果几笔内容相同的经济业务,需要填列在一张记账凭证时,可采用"分数编号法"。　　　　（　　）

37. 原始凭证有时也是登记账簿的依据。　　　　（　　）

38. 从银行提取现金,既可编制现金收款凭证,也可编制银行存款付款凭证。　　　　（　　）

39. 记账凭证一律由会计人员填制。　　　　（　　）

40. 复式记账凭证是根据复式记账法原理编制的,而单式记账凭证是根据单式记账法的原理填制。　　　　（　　）

41. 会计人员在记账以后,若发现所依据的记账凭证中的应借、应贷会计科目有错误,则不论金额多记还是少记,均采用红字更正法进行更正。　　　　（　　）。

42. 会计凭证传递是指从原始凭证的填制或取得时起,到会计凭证归档保管止,在单位内部有关部门和人员之间按规定的路线进行传递和处理的程序。　　　　（　　）

四、综合题

1. 根据下列小写金额或大写金额分别写出小写、大写金额。
    (1) ¥345.78
    (2) ¥63007.80
    (3) ¥4800.00
    (4) ¥3006.05
    (5) 人民币叁万零肆佰捌拾伍元捌角整
    (6) 人民币壹佰陆拾肆元整

2. 根据要求填制原始凭证。

    企业基本信息:

    企业名称:南京俊达电子设备有限公司

    纳税人识别号:320134134971420

    地址、电话:南京下关区建宁路 4000 号　025 – 87654321

    开户行及账号:工行下关支行 066180210010909

    法人代表:张大彪

    出纳:谢兴元

    (1) 2009 年 4 月 10 日,南京俊达电子设备有限公司提取现金 2800 元备用。

要求:填制现金支票。

中国工商银行 转账支票存根(苏) Ⅳ V0056781 科 目: 对方科目: 出票日期: 　　　年 月 日 收款人: 金 额: 用 途: 单位主管　　会计	本支票付款期限十天	中国工商银行　现金支票　　Ⅳ V0056781 出票日期(大写)　　年　月　日　　付款行名称: 收款人:　　　　　　　　　　　　出票人账号: 人民币 (大写) ／ 千 百 十 万 千 百 十 元 角 分 用途:　　　　　　　　　　　　科目(借) 上列款项请从　　　　　　　　对方科目(贷) 我账户内支付　　　　　　　　付讫日期 年 月 日 出票人签章　　　　　　　　　出纳　复核　记账

(2) 2009 年 4 月 20 日,南京俊达电子设备有限公司将销售商品所得转账支票一张,金额 117000 元存入银行。

要求为出纳员填制银行进账单。

(购货方:南京长安汽车制造公司,开户行及账号:工行江宁支 066180210067909)。

中国工商银行进账单(回单或收账通知)

进账日期:　　　年　月　日　　　　第 6870 号

付款人	全称		收款人	全称		附联为开户银行交给收款人的收账通知
	账号			账号		
	开户银行			开户银行		
人民币(大写):				千 百 十 万 千 百 十 元 角 分		
票据种类						
票据张数						
主管　会计　复核　记账			收款人开户银行盖章			

3. 2009 年 4 月 20 日,南京俊达电子设备有限公司向上海本田公司销售电子产品 A 型 50 台,单价 8000 元/台,开具专用发票,价税合计金额 468000 元。南京俊达电子设备公司资料见上题。

要求:开具专用发票。(开票人:李凡)

上海本田公司有关信息:

纳税人识别号:203134134971421

地址、电话:上海南京路 70 号　 021 – 87654356

开户行及账号:工行南京路支 055180210067567

江苏增值税专用发票
记账联

3200043500　　　　　　　　　　　　　　　　No 01090788

开票日期：　　　　年　月　日

购货单位	名称：					密码区	1216/ − 9 − 3 > 1 < 6790 < + 1 < 5		
	纳税人识别号：						8336 < 9 > 1/ > 6372/99 − 8 + > 加密版本:01		
	地址、电话：						/3680503 > 439238 + 506 > 432000043500		
	开户行及账号：						1 + /364 > + 84916 − + 84 > > 9 *　01090788		

货物或应税劳务名称	规格型号	单位	数量	单价	金　额	税率	税　额
合　计							

价税合计（大写）	⊗			（小写）

销货单位	名称：		备注
	纳税人识别号：		
	地址、电话：		
	开户行及账号：		

收款人：　　　　复核：　　　　开票人：　　　　　　　　销货单位：

第三联：记账联　销售方记账凭证

4. 南京俊达电子设备有限公司 2009 年 12 月 17 日从南京富顺商贸公司购入丙材料 1000 千克，单价 80 元，价款 80000 元，增值税 13600 元。收到专用发票。见下图所示。

3200087430　　江苏增值税专用发票　　No 06437290

发票联

开票日期：　　　　年　月　日

购货单位	名称：南京俊达电子设备有限公司					密码区	1216/-9-3>1<6790<+1<5		
	纳税人识别号：320106108236021						8336<9>1/>6372/99-8+> 加密版本:01		
	地址、电话：南京市鼓楼区模范马路 1000 号 25-86268888						/3680503>439238+506>4 32000043620		
	开户行及账号：工行鼓楼支行 0681802111999						1+/364>+84916-+84>>9*　01090234		

货物或应税劳务名称	规格型号	单位	数量	单价	金　额	税率	税　额
丙材料		千克	1000	80	80000.00	17%	13600.00
合　计							

价税合计（大写）	⊗ 玖万叁仟陆佰整		（小写）￥90600.00

销货单位	名称：南京富顺商贸公司		备注
	纳税人识别号：320106108246321		
	地址、电话：南京市白下区江东北路 1 号 025-86269653		
	开户行及账号：工行白下支行 0681803748590		

32010621
75403554321
发票专用章

收款人：　　　　复核：　　　　开票人：　　　　　　　　销货单位：

第一联：发票联　购货方记账凭证

要求:审核收到的发票正确性,并提出处理意见。

5. 南京俊达电子设备有限公司2009年4月发生如下经济业务:

　　(1) 2日,收到银行资金汇划补充凭证,大通公司前欠货款80000元已到账。

　　(2) 3日,开出现金支票,提取现金5000元备用。

　　(3) 5日,销售给福鑫公司产品,开出的增值税专用发票上注明价款10万元,增值税1.7万元,货款尚未收到。

　　要求:根据上述业务,以李萍的名义编制专用记账凭证,各类凭证编号从1号开始。

收　款　凭　证

借方科目:　　　　　　　　　　　　　年　月　日　　　　　　　　　　　　银收字第　号

摘　　要	贷　方　科　目		金　额									√
	一级科目	明细科目	千	百	十	万	千	百	十	元	角	分	
附件　张	合　　计											

会计主管　　　　　记账　　　　　复核　　　　　　制单　　　　　　　出纳

付　款　凭　证

贷方科目:　　　　　　　　　　　　　年　月　日　　　　　　　　　　　　银付字第　号

摘　　要	借　方　科　目		金　额									√
	一级科目	明细科目	千	百	十	万	千	百	十	元	角	分	
附件　张	合　　计											

会计主管　　　　　记账　　　　　复核　　　　　　制单　　　　　　　出纳

转 账 凭 证

年 月 日　　　　　　　　　　　　　　　转字第　号

摘 要	会 计 科 目		借 方 金 额										贷 方 金 额										√
	一级科目	明细科目	千	百	十	万	千	百	十	元	角	分	千	百	十	万	千	百	十	元	角	分	
附件　张	合　计																						

会计主管　　　　　　记账　　　　　　　复核　　　　　　　制单

一、单选选择题(下列每小题备选答案中,只有一个符合题意的正确答案。请将选定答案的编号,用英文大写字母填入括号内)

1. 按照经济业务发生时间的先后顺序逐日逐笔连续登记的账簿是( )。
   A. 明细分类账　　　　　　　　　　　B. 日记账
   C. 总分类账　　　　　　　　　　　　D. 备查账

2. 用于分类记录单位的全部交易或事项,提供总括核算资料的账簿是( )。
   A. 总分类账　　　　　　　　　　　　B. 明细分类账
   C. 日记账　　　　　　　　　　　　　D. 备查账

3. 债权债务明细分类账一般采用( )。
   A. 多栏式账簿　　　　　　　　　　　B. 数量金额式账簿
   C. 三栏式账簿　　　　　　　　　　　D. 以上三种都可以

4. 收入、费用明细分类账一般采用( )。
   A. 多栏式账簿　　　　　　　　　　　B. 两栏式账簿
   C. 三栏式账簿　　　　　　　　　　　D. 数量金额式账簿

5. 下列各项中,应设置备查账簿进行登记的是( )。
   A. 经营性租出的固定资产　　　　　　B. 经营性租入固定资产
   C. 无形资产　　　　　　　　　　　　D. 资本公积

6. 下列明细分类账中,应采用数量金额式账簿的是( )。
   A. 应收账款明细账　　　　　　　　　B. 库存商品明细账
   C. 应付账款明细账　　　　　　　　　D. 管理费用明细账

7. 下列账簿中,必须采用订本式账簿的是( )。
   A. 备查账　　　　　　　　　　　　　B. 应付账款明细账
   C. 原材料明细账　　　　　　　　　　D. 现金和银行存款日记账

8. 下列账簿中,可以采用卡片式账簿的是( )。
   A. 固定资产总账　　　　　　　　　　B. 固定资产明细账
   C. 日记总账　　　　　　　　　　　　D. 日记账

9. 下列明细分类账中,可以采用三栏式账页格式的是( )。
   A. 管理费用明细账　　　　　　　　　B. 原材料明细账
   C. 材料采购明细账　　　　　　　　　D. 应付职工薪酬明细账

10. 下列明细分类账,应采用多栏式账页格式的是( )。
   A. 生产成本明细账　　　　　　　　　B. 原材料明细账
   B. 其他应收款明细账　　　　　　　　D. 应收账款明细账

11. 下列账簿中,一般情况下不需根据记账凭证登记的账簿是( )。
   A. 日记账　　　　　　　　　　　　　B. 总分类账

  C. 备查账   D. 明细分类账

12. 序时账、分类账和备查簿划分的依据是(　　)。
  A. 账簿的格式不同   B. 外表形式不同
  C. 账簿的用途不同   D. 登记方式不同

13. 下列明细账中,不宜采用三栏式账页格式的是(　　)。
  A. 应收账款明细账   B. 应付账款明细账
  C. 管理费用明细账   D. 短期借款明细账

14. 现金日记账和银行存款日记账应当(　　)。
  A. 定期登记   B. 序时登记
  C. 汇总登记   D. 合并登记

15. 记账人员根据记账凭证登记完毕账簿后,要在记账凭证上注明已记账的符号,主要是为了(　　)。
  A. 便于明确记账责任   B. 避免错行或隔页
  C. 避免重记或漏记   D. 防止凭证丢失

16. 下列账簿中,要求必须逐日结出余额的是(　　)。
  A. 现金日记账和银行存款日记账   B. 债权债务明细账
  C. 财产物资明细账   D. 总账

17. 现金日记账和银行存款日记账,每一账页登记完毕结转下页时,结计"过次页"的本页合计数应当为(　　)的发生额合计数。
  A. 本页   B. 自本月初起至本页末止
  C. 本月   D. 自本年初起至本页末止

18. 原始凭证可以作为(　　)的登记依据。
  A. 总分类账   B. 明细分类账
  C. 财务会计报表   D. 科目汇总表

19. 某企业用现金支付职工报销医药费 35 元,会计人员编制的付款凭证为借记"应付职工薪酬"53 元,贷记"库存现金"53 元,并已登记入账。当年发现记账错误,更正时应采用的更正方法是(　　)。
  A. 划线更正法   B. 红字更正法
  C. 补充登记法   D. 重编正确的付款凭证

20. 记账凭证填制正确,登账时文字或数字发生笔误引起的错误应采用(　　)进行更正。
  A. 划线更正法   B. 重新登记法
  C. 红字更正法   D. 补充登记法

21. 某企业通过银行收回应收账款 8000 元,在填制记账凭证时,误将金额记为 6000 元,并已登入账。当年发现记账错误,更正时应采用的更正方法是(　　)。
  A. 重编正确的收款凭证   B. 划线更正法
  C. 红字更正法   D. 补充登记法

22. 企业材料总账余额与材料明细账的余额进行核对属于(　　)。
  A. 账证核对   B. 账账核对
  C. 账表核对   D. 账实核对

23. 一般而言,成本计算账簿和收入、费用账簿均采用(　　)。
    A. 三栏式账簿　　　　　　　　　　　B. 两栏式账簿
    C. 多栏式账簿　　　　　　　　　　　D. 数量金额式账簿

24. 关于会计账簿的记账规则,下列表述不正确的是(　　)。
    A. 各种账簿应按页次顺序连续登记,不得跳行、隔页
    B. 账页登记满时,应办理转页手续
    C. 记账时应使用蓝、黑墨水的钢笔或相同颜色的圆珠笔书写,不得使用铅笔,以防涂改
    D. 在不设借贷等栏的多栏式账页中,登记减少数时,可以使用红色墨水记账

25. 记账人员在登记账簿后,发现所依据的记账凭证中使用的会计科目有误,则更正时应采用的更正方法是(　　)。
    A. 涂改更正法　　　　　　　　　　　B. 划线更正法
    C. 红字更正法　　　　　　　　　　　D. 补充登记法

26. 企业结账时(　　)。
    A. 一定要附原始凭证　　　　　　　　B. 不需附原始凭证
    C. 可以附,也可以不附原始凭证　　　D. 以上说法都不对

27. 下列账簿中不可以采用活页式账簿的是(　　)。
    A. 现金日记账　　　　　　　　　　　B. 固定资产明细账
    C. 库存商品明细账　　　　　　　　　D. 生产成本明细账

28. 日记账的最大特点是(　　)。
    A. 按现金和银行存款设置账户
    B. 可以提供现金和银行存款的每日发生额
    C. 随时逐笔顺序登记现金和银行存款的发生额并逐日结出余额
    D. 主要提供现金和银行存款的每日余额

29. (　　)的目的是为了账簿记录的真实、可靠、正确、完整。
    A. 过账　　　　　　　　　　　　　　B. 结账
    C. 转账　　　　　　　　　　　　　　D. 对账

30. 假设某企业第6笔转账业务需填制三张记账凭证,则第二张记账凭证的正确编号是(　　)。
    A. 转(字)6 – 3 – 2 – 号　　　　　　B. 转(字)6 – 2 – 3 号
    C. 转(字)$6\frac{2}{3}$号　　　　　　　　　D. 转(字)6 – 3/2 号

31. 登记存货的明细账一般情况下采用(　　)明细账。
    A. 三栏式　　　　　　　　　　　　　B. 数量金额式
    C. 借方多栏式　　　　　　　　　　　D. 贷方多栏式

32. 若记账凭证编制正确,但记账时将1100元误记为110元,更正时应采用(　　)。
    A. 补充登记法　　　　　　　　　　　B. 红字(全数)冲销法
    C. 划线更正法　　　　　　　　　　　D. 红字(部分)冲销法

33. 卡片式明细账适用于(　　)的明细核算。
    A. 固定资产　　　　　　　　　　　　B. 债权债务
    C. 货币资金　　　　　　　　　　　　D. 实收资本

34. 下列关于账簿登记原则错误的是(　　)。
    A. 账簿记录发生错误时,可以重新抄写
    B. 实行会计电算化的单位,现金日记账必须每月打印
    C. 银行存款日记账必须逐日结出余额
    D. 对各种账簿的账页不得任意抽换和撕毁

35. 下列账簿中,可以跨年度连续使用的是(　　)。
    A. 各类总账　　　　　　　　　　　B. 生产成本明细账
    C. 固定资产卡片　　　　　　　　　D. 银行存款日记账

36. 银行存款日记账与开户银行账目的核对属于(　　)。
    A. 账证核对　　　　　　　　　　　B. 账实核对
    C. 账表核对　　　　　　　　　　　D. 账账核对

37. 三栏式现金、银行存款日记账的登记处理不正确的是(　　)。
    A. 均由出纳员负责登记　　　　　　B. 逐日逐笔顺序登记
    C. 每日结出余额,以便进行核对　　D. 根据收付款业务的原始凭证登记

38. 适合用贷方多栏式明细账的账户是(　　)。
    A. 材料采购　　　　　　　　　　　B. 营业外支出
    C. 营业外收入　　　　　　　　　　D. 管理费用

39. 下列关于对账的表述,不正确的是(　　)。
    A. 建立健全对账制度,有利于提高会计核算质量
    B. 企业应收账款账面余额与债务方账面记录函证核对属于账账核对
    C. 账证核对是指账簿记录与原始凭证、记账凭证的核对
    D. 账实核对是指各项财产物资的账面数与实有数之间的核对

40. 记账后,发现记账凭证上应借、应贷的会计科目并无错误,但所填金额有错,致使账簿记录错误,正确的更正方法是(　　)。
    A. 若所填金额大于应填金额,则应采用红字更正法
    B. 若所填金额小于应填金额,则应采用红线更正法
    C. 若所填金额大于应填金额,则应采用补充登记法
    D. 若所填金额小于应填金额,则应采用划线更正法

41. 下列记账凭证中,不能据以登记现金日记账的是(　　)。
    A. 银行存款日记账　　　　　　　　B. 银行存款付款凭证
    C. 现金收款凭证　　　　　　　　　D. 现金付款凭证

42. 下列明细账,通常采用贷方多栏式账页格式的是(　　)。
    A. 主营业务收入明细账　　　　　　B. 本年利润明细账
    C. 应付账款明细账　　　　　　　　D. 实收资本明细账

43. 将每一相关的业务登记在一行,从而可以依据每一行各个栏目的登记是否齐全来判断该项业务的进展情况的明细分类账格式属于(　　)。
    A. 两栏式　　　　　　　　　　　　B. 三栏式
    C. 多栏式　　　　　　　　　　　　D. 横线登记式

44. 在各种不同账务处理程序中,不能作为登记总账依据的是(　　)。

A. 记账凭证   B. 汇总原始凭证

C. 汇总记账凭证   D. 记账凭证汇总表

45. 各种账务处理程序的区别主要体现在( )。

    A. 明细分类账登记的依据和方法不同   B. 日记账登记的依据和方法不同

    C. 总分类账登记的依据和方法不同   D. 会计报表编制的依据和方法不同

46. 记账凭证账务处理程序的主要特点是( )。

    A. 根据各种记账凭证编制汇总记账凭证

    B. 根据各种记账凭证逐笔登记总分类账

    C. 根据各种记账凭证编制科目汇总表

    D. 根据各种汇总记账凭证登记总分类账

47. 记账凭证账务处理程序一般适用于( )。

    A. 规模较大,经济业务比较复杂的企业

    B. 规模不大,但经济业务比较复杂的企业

    C. 规模不大,经济业务比较简单的企业

    D. 工业企业和商品流通业

48. 在汇总记账凭证账务处理程序下,总分类账的记账依据是( )。

    A. 原始凭证   B. 记账凭证

    C. 科目汇总表   D. 汇总记账凭证

49. 既能汇总登记总分类账,减轻总账登记工作,又能明确反映账户对应关系,便于查账、对账的账务处理程序是( )。

    A. 科目汇总表账务处理程序   B. 汇总记账凭证账务处理程序

    C. 多栏式日记账账务处理程序   D. 日记总账账务处理程序

50. 科目汇总表账务处理程序与汇总记账凭证账务处理程序的共同优点是( )。

    A. 保持科目之间的对应关系   B. 简化总分类账登记工作

    C. 进行了所有科目余额的试算平衡   D. 总括反映同类经济业务

51. 科目汇总表账务处理程序适用于( )。

    A. 规模较小,业务较少的单位   B. 所有单位

    C. 规模较大,业务较多的单位   D. 工业企业

52. 科目汇总表账务处理程序的缺点是( )。

    A. 登记总分类账的工作量大   B. 程序复杂,不易掌握

    C. 不能对发生额进行试算平衡   D. 不便于查账、对账

53. 汇总记账凭证账务处理程序的优点是( )。

    A. 能反映账户对应关系,便于对经济业务进行分析和检查

    B. 登记总账的工作量非常大

    C. 该程序手续简便,方法易学

    D. 有利于对全部账户的发生额进行试算平衡

54. 由于现金与银行存款之间相互收付的业务只填付款凭证,不填制收款凭证,因而现金汇总收款凭证所汇总的现金收入金额不全,其中,从银行提取现金的业务,应汇总在( )之中。

　　　A. 银行存款付款汇总凭证　　　　　　B. 现金付款汇总凭证

　　　C. 银行存款收款汇总凭证　　　　　　D. 现金收款汇总凭证

二、多项选择题(下列每小题备选答案中,有两个或两个以上符合题意的正确答案。请将选定答案的编号,用英文大写字母填入括号内)

1. 会计账簿按用途分为(　　　)。

　　　A. 序时账　　　　　　　　　　　　　B. 分类账

　　　C. 备查账　　　　　　　　　　　　　D. 总账

2. 会计账簿按外形特征分类,可分为(　　　)。

　　　A. 多栏式账簿　　　　　　　　　　　B. 订本式账簿

　　　C. 活页式账簿　　　　　　　　　　　D. 卡片式账簿

3. 关于会计账簿的意义,下列说法正确的有(　　　)。

　　　A. 通过账簿的设置和登记,记载、储存会计信息

　　　B. 通过账簿的设置和登记,分类、汇总会计信息

　　　C. 通过账簿的设置和登记,检查、校正会计信息

　　　D. 通过账簿的设置和登记,编报、输出会计信息

4. 可采用三栏式的明细账有(　　　)。

　　　A. 应收账款明细账　　　　　　　　　B. 盈余公积明细账

　　　C. 管理费用明细账　　　　　　　　　D. 应付账款明细账

5. 下列账簿中一般应采用多栏式账簿的有(　　　)。

　　　A. 销售费用明细账　　　　　　　　　B. 生产成本明细账

　　　C. 应收账款明细账　　　　　　　　　D. 其他应收款——备用金明细账

6. 下列账簿中,应采用数量金额式账簿的有(　　　)。

　　　A. 应收账款明细账　　　　　　　　　B. 原材料明细账

　　　C. 库存商品明细账　　　　　　　　　D. 固定资产明细账

7. 记账错误主要表现为漏记、重记和错记三种。错记又表现为(　　　)等。

　　　A. 会计科目错记　　　　　　　　　　B. 金额错记

　　　C. 记账方向错记　　　　　　　　　　D. 以上三个全对

8. 登记账簿的正确要求是(　　　)。

　　　A. 冲销错误记录不得用红字　　　　　B. 登记账簿不得跳行、隔页

　　　C. 更正错误不得挖补、刮擦　　　　　D. 发现隔页时,空白账页应予注销

9. 对账工作一般应从(　　　)方面进行。

　　　A. 账证核对　　　　　　　　　　　　B. 账账核对

　　　C. 账实核对　　　　　　　　　　　　D. 账单核对

10. 下列错账更正方法中,可用于更正因记账凭证错误而导致账簿记录错误的方法有(　　　)。

　　　A. 划线更正法　　　　　　　　　　　B. 差数核对法

　　　C. 红字更正法　　　　　　　　　　　D. 补充登记法

11. 下列对账工作中,属于账账核对的有(　　　)。

　　　A. 银行存款日记账与银行对账单的核对

  B. 总账账户与所属明细账户的核对

  C. 应收款项明细账与债务人账项的核对

  D. 会计部门的财产物资明细账与财产物资保管、使用部门明细账的核对

12. 账实核对的主要内容包括(　　)。

  A. 现金日记账账面余额与现金实际库存数核对

  B. 固定资产明细账余额与固定资产实物核对

  C. 财产物资明细账账面结存数与财产物资实存数核对

  D. 原材料总账账面余额与原材料明细账账面余额核对

13. 关于结账,以下说法中正确的有(　　)。

  A. 总账账户应按月结出本月发生额和月末余额

  B. 现金日记账应按月结出本月发生额和月末余额

  C. 应收账款明细账应在每次记账后随时结出余额

  D. 年终应将所有总账账户结计全年发生额和年末余额

14. 下列账簿中,可以跨年度连续使用的有(　　)。

  A. 主营业务收入明细账　　　　　　　B. 应付账款明细账

  C. 固定资产卡片账　　　　　　　　　D. 租入固定资产登记簿

15. 活页账的主要优点有(　　)。

  A. 可以根据实际需要随时插入空白账页　B. 可以防止账页散失

  C. 可以防止记账错误　　　　　　　　D. 便于分工记账

16. 企业会计实务中,应采用订本式的账簿有(　　)。

  A. 固定资产总账　　　　　　　　　　B. 固定资产明细账

  C. 现金日记账　　　　　　　　　　　D. 原材料总账

17. 在账务处理中,可用红色墨水的情况有(　　)。

  A. 过次页账　　　　　　　　　　　　B. 冲账

  C. 账簿期末结账划线　　　　　　　　D. 结账分录

18. 下列各账户中,需要在年末将余额过入下一年开设的新账中的是(　　)。

  A. 管理费用　　　　　　　　　　　　B. 银行存款

  C. 固定资产　　　　　　　　　　　　D. 生产成本

19. 账簿按账页格式不同可分为(　　)。

  A. 两栏式账簿　　　　　　　　　　　B. 三栏式账簿

  C. 多栏式账簿　　　　　　　　　　　D. 数量金额式账簿

20. 下列符合登记账簿要求的有(　　)。

  A. 可以用圆珠笔记账　　　　　　　　B. 应按页逐行登记,不得隔页跳行

  C. 日记账要逐笔逐日登记　　　　　　D. 所有账簿都应逐笔逐日登记

21. 下列账簿中可采用横线登记式的有(　　)。

  A. 制造费用明细账　　　　　　　　　B. 原材料明细账

  C. 材料采购明细账　　　　　　　　　D. 一次性备用金明细账

22. 多栏式账簿一般适用于(　　)。

  A. 成本费用类明细账　　　　　　　　B. 收入成果类明细账

C. 财产物资类明细账　　　　　　　　　　　　D. 债权债务类明细账

23. 总分类账与明细分类账的关系是(　　　)。

    A. 总分类账与所属明细账核算的经济内容一致

    B. 总分类账统驭控制所属明细分类账

    C. 总分类账余额等于所属明细分类账余额合计

    D. 所有总分类账都必须设置相应的明细账

24. 下列可以作为登记总分类账依据的有(　　　)。

    A. 现金银行存款收付款凭证　　　　　　　　　B. 转账凭证

    C. 原始凭证　　　　　　　　　　　　　　　　D. 科目汇总表

25. 如某企业发生以现金支付厂部办公费 300 元的经济业务,出现以下(　　　)情况需采
    用红字更正法予以更正。

    A. 记账凭证无误,过账时出现错误

    B. 记账凭证借方科目误填为"制造费用",并据以记账

    C. 记账凭证金额误填为 800 元,并据以记账

    D. 记账凭证贷方科目误填为"银行存款",并据以记账

26. 下列做法不符合登记账簿要求的是(　　　)。

    A. 登账时,发生跳行,空白处已划红线注销

    B. 登账后,未在记账凭证上签名或盖章

    C. 结账时,对没有余额的账户在"借或贷"栏未标注结平符号

    D. 在次页第一行承前页写出上页发生额合计数及余额

27. 订本式账簿主要适用于(　　　)。

    A. 固定资产明细账　　　　　　　　　　　　　B. 总分类账

    C. 销售收入明细账　　　　　　　　　　　　　D. 银行存款日记账

28. 现金日记账是根据(　　　)凭证,按经济业务发生的先后顺序进行登记的。

    A. 现金收款　　　　　　　　　　　　　　　　B. 现金付款

    C. 银行收款　　　　　　　　　　　　　　　　D. 存现业务的银行收款

29. 下列对账事项,属于账实核对的有(　　　)。

    A. 有关账簿记录与原始凭证的核对

    B. 银行存款日记账与开户银行对账单的核对

    C. 财产物资明细账与保管该项财产物资的部门有关明细账的核对

    D. 债权债务明细账与对方单位明细账的核对

30. 在对账中,账实核对的主要内容包括(　　　)等。

    A. 各种债权债务明细分类账的余额,与相应债务人、债权人的相应记录相核对

    B. 财产明细账的结存数量,与实存数量相核对

    C. 银行存款日记账的账面余额,与银行对账单相核对

    D. 现金日记账的账面余额与实际库存现金数额相核对

31. 下列表述中,不正确的有(　　　)。

    A. 明细账根据明细分类科目设置

    B. 总账的余额不一定等于其所属明细的余额的合计数

　　C. 所有资产类总账的余额合计数应等于所有负债类总账的余额合计数

　　D. 库存现金日记账实质上就是库存现金的总账

32. 下列各账户中,既要提供金额指标又要提供实物指标的明细分类账户有(　　)。

　　A. "库存商品"账户　　　　　　　　B. "原材料"账户

　　C. "应收账款"账户　　　　　　　　D. "财务费用"账户

33. 常用的各种会计核算程序,它们在(　　)方面有共同之处。

　　A. 登记总分类账的依据　　　　　　B. 登记日记账的依据

　　C. 编制会计报表的依据　　　　　　D. 编制记账凭证的依据

34. 下列各项中,不属于汇总记账凭证会计核算程序特点的有(　　)。

　　A. 根据原始凭证编制汇总原始凭证

　　B. 根据记账凭证登记总账

　　C. 根据记账凭证编制科目汇总表

　　D. 根据记账凭证定期编制汇总记账凭证,然后再根据汇总记账凭证登记总账

35. 记账凭证账务处理程序与汇总记账凭证账务处理程序的区别有(　　)。

　　A. 原始凭证的种类不同　　　　　　B. 记账凭证的种类不同

　　C. 明细账簿的记账依据不同　　　　D. 总账的记账依据不同

36. 登记总账的依据可以是(　　)。

　　A. 记账凭证　　　　　　　　　　　B. 明细账

　　C. 科目汇总表　　　　　　　　　　D. 汇总记账凭证

37. 各种账务处理程序的相同之处表现为(　　)。

　　A. 登记现金、银行存款日记账的依据和方法相同

　　B. 登记明细账的依据和方法相同

　　C. 登记总账的依据和方法相同

　　D. 编制会计报表的依据和方法相同

38. 记账凭证账务处理程序适用于(　　)的企业。

　　A. 规模较大　　　　　　　　　　　B. 规模较小

　　C. 凭证不多　　　　　　　　　　　D. 所用会计科目较多

39. 科目汇总表账户处理程序的特点是(　　)。

　　A. 能够减少登记总账的工作量

　　B. 不能反映账户间的对应关系

　　C. 能反映各账户一定时期内的借方本期发生额和贷方本期发生额

　　D. 适用于业务较大,记账凭证较多的企业

40. 下列关于会计处理程序,说法正确的是(　　)。

　　A. 记账凭证会计处理程序的缺点是登记总分类账的工作量比较大

　　B. 采用科目汇总表会计处理程序,由于其在科目汇总表中不反映科目对应关系,因而不便于分析经济业务的来龙去脉,不便于查账

　　C. 采用汇总记账凭证会计处理程序可以大大减少登记总分类账的工作量

　　D. 日记总账会计处理程序的缺点是增大了登记日记账的工作量,且不便于记账分工和查阅

41. 汇总记账凭证账务处理程序的优点是( )。
   A. 便于会计核算的日常分工
   B. 便于了解账户之间的对应关系
   C. 减轻了登记总分类账的工作量
   D. 便于试算平衡
42. 下列关于科目汇总表的编制要点说法正确的是( )。
   A. 根据记账凭证按相同会计科目汇总
   B. 定期汇总每一会计科目的借贷方发生额之差
   C. 定期汇总每一会计科目的借方发生额和贷方发生额
   D. 将汇总的有关数额分别填入科目汇总表的相应栏目内

三、判断正误(请在每小题后面的括号内填入判断结果,正确的用"√"表示,错误的用"×"表示)

1. 会计账簿的记录是编制会计报表的前提和依据,也是检查、分析和控制单位经济活动的重要依据。 ( )
2. 各单位不得违反会计法和国家统一的会计制度的规定设置会计账簿。 ( )
3. 活页式账簿便于账页的重新排列和记账人员的分工,但账页容易散失和被随意抽换。 ( )
4. 多栏式账簿主要适用于既需要记录金额,又需要记录实物数量的财产物资明细账户。 ( )
5. 会计账簿登记中,如果不慎发生隔页,应立即将空页撕掉,并更改页码。 ( )
6. 根据具体情况,会计人员可以使用铅笔、圆珠笔、钢笔、蓝黑墨水或红色墨水填制会计凭证,登记账簿。 ( )
7. 账簿按外表形式不同可分为序时账簿、分类账簿和备查账簿。 ( )
8. 备查簿是一种非正式的账簿,用于记载日记账和分类账中未能登记的事项,以备查考。 ( )
9. 日记账应逐日逐笔顺序登记,总账可以逐笔登记,也可以汇总登记。 ( )
10. 登记现金日记账的依据是现金收付款凭证和银行收付款凭证。 ( )
11. 现金收付业务较少的单位,不必单独设置现金日记账,可以银行对账单或其他方法代替现金日记账,以简化核算。 ( )
12. 现金日记账必须要采用订本式账簿。 ( )
13. 现金及银行存款日记账不论是采用多栏式或三栏式,都是由出纳人员根据审核后的收付款凭证逐日逐笔顺序登记的。 ( )
14. 新的年度开始时,必须更换全部账簿,不是只更换总账和现金日记账、银行存款日记账。 ( )
15. 原材料明细账的每一账页登记完毕结转下页时,可以只将每页末的余额结转次页,不必将本页的发生额结转次页。 ( )
16. 企业的各种会计凭证都不得涂改、刮擦和变造,如果发生错误,应采用划线更正法予以更正。 ( )
17. 由于记账凭证错误而导致账簿记录错误,应采用划线更正法进行更正。 ( )
18. 如果发现以前年度记账凭证中会计科目和金额有错误并已导致账簿记录出现差错,也可以采用红字更正法予以更正。 ( )

19. 记账凭证正确,因登记时的笔误而引起的账簿记录错误,可以采用划线更正法予以更正。（　）

20. 如果发现记账凭证上应记科目和金额错误,还未登记入账,则可将填错的记账凭证销毁,并另填一张正确的记账凭证,据以入账。（　）

21. 如果发现记账凭证上应记科目和金额错误,并已登记入账,则可将填错的记账凭证销毁,并另填一张正确的记账凭证,据以入账。（　）

22. 发现记账凭证金额错误,原始凭证无误,记账凭证尚未登记入账,应采用补充登记法进行更正。（　）

23. 为了明确划分各会计年度的界限,年度终了各种会计账簿都应更换新账。（　）

24. 对账,就是核对账目,即对各种会计账簿之间相对应记录进行核对。（　）

25. 年终结账时有余额的账户,其余额结转下年的方法是:将余额直接计入下一会计年度新建会计账簿同一账户的第一行余额栏内,并在摘要栏注明"上年结转"字样。（　）

26. 企业年度结账后,更换下来的账簿,可暂由本单位财务会计部门保管一年,期满后,原则上应由财会部门移交本单位档案部门保管。（　）

27. 账簿中书写的文字和数字上面要留有适当空间,不要写满格,一般应占格距的二分之一。（　）

28. 结账包括日结、旬结、月结、年结。（　）

29. 年终结账时,各账户的年末余额都要以相同方向直接记入新账的账户中,并注明"上年结转"字样,无须编制记账凭证。（　）

30. 企业在使用固定资产卡片进行固定资产明细核算时,其固定资产卡片可以跨年连续使用,只有在某种固定资产发生技术性能根本变化时,才能调换新卡片。（　）

31. 备查账与日记账、分类账的区别主要体现在登记依据、账簿的格式和登记方法不同。（　）

32. 活页账无论是在账簿登记完毕之前还是之后,账页都不固定装订在一起,而是装在活页账夹中。（　）

33. 记账凭证汇总表账务处理程序既能保持账户的对应关系,又能减轻登记总分类账的工作量。（　）

34. 汇总记账凭证账务处理程序便于了解账户之间的对应关系,并做到试算平衡。（　）

35. 科目汇总表账务处理程序中,科目汇总表不能反映各科目的对应关系,不便于查对账目。汇总记账凭证账务处理程序可以克服科目汇总表账务处理程序的这个缺点。（　）

36. 汇总记账凭证账务处理程序的优点之一是汇总记账凭证反映了科目之间的对应关系。（　）

37. 科目汇总表账务处理程序的优点之一是科目汇总表能反映科目之间的对应关系。（　）

38. 编制科目汇总表,虽然不能起到反映账户之间的对应关系,但可以起到试算平衡的作用。（　）

39. 无论何种账务处理程序,都需要将日记账、明细账分别与总账定期核对。　　　(　　)

40. 年终结账时,各账簿的年末余额都要以相同方向直接计入新账的账户中,并注明"上年结转"字样,无需编制记录凭证。　　　(　　)

四、不定向选择题(下列每小题备选答案中,有一个或一个以上符合题意的正确答案。请将选定答案的编号,用英文大写字母填入括号内)

南京俊达电子设备有限公司的账务处理采用科目汇总表核算形式,某月的部分业务处理(以会计分录代替)如下:

(1) 借:管理费用　　　　　　　　　　　　　　　60

　　　贷:库存现金　　　　　　　　　　　　　　　　　60

(2) 借:管理费用　　　　　　　　　　　　　　　350

　　　贷:累计折旧　　　　　　　　　　　　　　　　　350

(3) 借:库存现金　　　　　　　　　　　　　　　1500

　　　贷:银行存款　　　　　　　　　　　　　　　　　1500

(4) 借:应付职工薪酬　　　　　　　　　　　　　1500

　　　贷:库存现金　　　　　　　　　　　　　　　　　1500

(5) 借:待处理财产损溢　　　　　　　　　　　　100

　　　贷:管理费用　　　　　　　　　　　　　　　　　100

要求根据所给资料回答下列问题(包括单项选择和多项选择):

(1) 上述会计分录中,所编制的记账凭证包括的类别有(　　　　)。

　　A. 现金收款凭证　　　　　　　　　　B. 银行存款付款凭证

　　C. 转账凭证　　　　　　　　　　　　D. 现金付款凭证

(2) 根据上述会计分录编制的科目汇总表中,"管理费用"项目的借方金额应是(　　　)。

　　A. 60　　　　　　　　　　　　　　　B. 350

　　C. 410　　　　　　　　　　　　　　D. 310

(3) 此题中登记"管理费用"总账的依据是(　　　　)。

　　A. 汇总记账凭证　　　　　　　　　　B. 科目汇总表

　　C. 记账凭证　　　　　　　　　　　　D. 原始凭证

(4) 如果"管理费用"明细账采用多栏式,账户的借方金额是(　　　)。

　　A. 60　　　　　　　　　　　　　　　B. 350

　　C. 410　　　　　　　　　　　　　　D. 310

(5) "科目汇总表"核算形式的特点是(　　　　)。

　　A. 定期地将所有记账凭证汇总编制成科目汇总表

　　B. 科目汇总表按科目汇总了全月的记账凭证

　　C. 根据科目汇总表登记总账

　　D. 根据原始凭证和记账凭证登记明细账

(6) 此题中登记"管理费用"明细账的依据是(　　　　)。

　　A. 汇总记账凭证　　　　　　　　　B. 科目汇总表

　　C. 记账凭证　　　　　　　　　　　D. 原始凭证

(7) 此题中登记"现金"日记账的依据是(　　　　)。

A. 银行存款付款凭证　　　　　　　　B. 现金付款凭证

C. 转账凭证　　　　　　　　　　　　D. 现金收款凭证

（8）该企业本月损益表中"管理费用"项目的金额是（　　）。

A. 60　　　　　　　　　　　　　　　B. 350

C. 410　　　　　　　　　　　　　　　D. 310

（9）假设该企业本月初"累计折旧"科目有贷方余额 3500 元，则本月末的资产负债表中"累计折旧"项目的金额是（　　）。

A. 3500　　　　　　　　　　　　　　B. 3850

C. 3150　　　　　　　　　　　　　　D. 350

（10）通过此题所反映的账务处理程序，可以看出科目汇总表核算形式的主要优点是（　　）。

A. 简化了登记总账的工作量　　　　　B. 反映了账户之间的对应关系

C. 起到了试算平衡的作用　　　　　　D. 简化了编制会计报表的工作量

五、综合题

1. 南京俊达电子设备有限公司 2009 年 5 月 30 日银行存款日记账见下表，5 月 31 日—6 月 2 日发生下列收支业务：

（1）5 月 31 日购入甲材料，价款 50000 元，增值税 8500 元，已开出支票付款（凭证号银付 40 号）。

（2）5 月 31 日，将收到的零星销货款 2300 元，存入银行（凭证号现付 14 号）。

（3）5 月 31 日，销售产品，价 20000 元，增值税 3400 元，收到对方开具的支票（凭证号银收 22 号）。

（4）6 月 1 日，支付前欠货款 80000 元，以银行存款支付（凭证号银付 1 号）。

（5）6 月 2 日，销售产品一批，价款 30000 元，增值税 5100 元，全部款项均以收到存入银行（凭证号银收 1 号）。

要求：

（1）编制上述业务会计分录；

（2）登记银行存款日记账，并进行 5 月月结；

（3）6 月 2 日登账后，假定该账页已用完，请结计"过次页"。

银行存款日记账

| 2009 年 | | 凭证 | | 摘　要 | 对方科目 | 收入 | 支出 | 结余 |
月	日	种类	号数					
5	30			承前页		250000	170000	180500

2. 南京俊达电子设备有限公司2009年6月29日银行存款日记账的记录见下表,6月30
日至7月2日发生下列收支业务:

(1) 6月30日收到甲公司归还前欠货款20000元,款项存入银行(凭证号:银收28)。

(2) 6月30日以银行存款归还本月到期的短期借款50000元(凭证号:银付30)。

(3) 7月1日出售产品一批,价款30000元,增值税5100元,全部价款均已收到存入银
行(凭证号:银收1)。

(4) 7月2日以银行存款支付前欠货款10000元(凭证号:银付1)。

要求:

(1) 根据上述业务编制有关会计分录;

(2) 登记银行存款日记账,并进行6月的"月结"。另外,7月2日银付1号凭证登记
后,假定该账页已用完,请结计过次页。

银行存款日记账

2009 年		凭证		摘 要	对方科目	收入	支出	结余
月	日	种类	号数					
6	29			承前页		90000	15000	80000

3. 南京俊达电子设备有限公司2009年4月部分账户期初余额资料如下:

应付账款总账

2009 年		凭证		摘 要	借方	贷方	借或贷	余额
月	日	种类	号数					
4	1			期初余额			贷	17000

应付账款明细账——铁东公司

2009 年		凭证		摘　要	借方	贷方	借或贷	余额
月	日	种类	号数					
4	1			期初余额			贷	5000

应付账款明细账——铁南公司

2009 年		凭证		摘　要	借方	贷方	借或贷	余额
月	日	种类	号数					
4	1			期初余额			贷	12000

应付账款明细账——铁北公司

年		凭证		摘　要	借方	贷方	借或贷	余额
月	日	种类	号数					

原材料总账

2009 年		凭证		摘　要	借方	贷方	借或贷	余额
月	日	种类	号数					
4	1			期初余额			借	18000

原材料明细账——甲螺帽

类别:　　　　　　　　　　　　　　　　编号:
品名规格:　　　　　　　　　　　　　　存放地点:
储备定额:　　　　　　　　　　　　　　计量单位:千克

2009 年		凭证		摘　要	收　入			发　出			结　存		
月	日	种类	号数		数量	单价	金额	数量	单价	金额	数量	单价	金额
4	1			期初结存							500	8.00	4000

原材料明细账——乙钢管

类别:　　　　　　　　　　　　　　　　编号:
品名规格:　　　　　　　　　　　　　　存放地点:
储备定额:　　　　　　　　　　　　　　计量单位:根

2009 年		凭证		摘　要	收　入			发　出			结　存		
月	日	种类	号数		数量	单价	金额	数量	单价	金额	数量	单价	金额
4	1			期初结存							70	200.00	14000

4 月发生如下有关经济业务(假设均取得增值税专用发票):

(1) 4 月 3 日从铁东公司购入甲螺帽 187.5 千克,不含税单价 8 元/千克,货款尚未支付,材料已验收入库(记账凭证转 3 号)。

(2) 4 月 8 日从铁南公司购入乙钢管 28 根,不含税单价 200 元/根,货款尚未支付,材料已验收入库(记账凭证转 12 号)。

(3) 4 月 9 日开出支票金额 1755 元支付铁东公司购入螺帽款(记账凭证银付 9 号)。

(4) 4 月 15 日从铁北公司购入乙钢管 50 根,不含税单价 190 元/根,货款尚未支付,材料已验收入库(记账凭证转 24 号)。

(5) 4 月 18 日开出支票金额 10000 元支付铁北公司购入钢管部分货款(记账凭证银付 18 号)。

(6) 4 月 21 日以银行承兑汇票支付铁南公司钢管款,金额 6552 元(记账凭证转 33 号)。

(7) 4 月 22 日生产 A 产品领用甲螺帽 100 千克,金额 800 元,钢管 20 根,金额 4000 元(记账凭证转 37 号)。

要求：

（1）根据上述资料编制会计分录；

（2）登记"原材料"账户和"应付账款"账户的总账及其所属明细账,账页见题中给定。假设原材料发出采用先进先出法计价；

（3）完成月结,并进行总账与明细账的核对。

4. 假定南京俊达电子设备有限公司 2009 年 9 月发生的部分经济业务的账户记录如下（为简化,用"T"形账表示）：

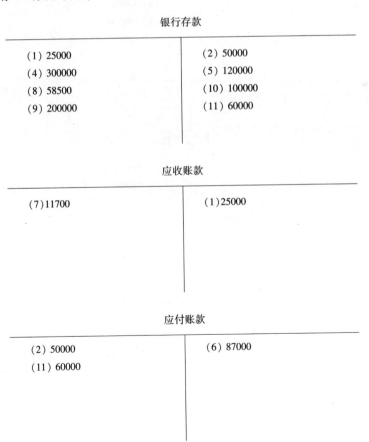

银行存款

（1）25000	（2）50000
（4）300000	（5）120000
（8）58500	（10）100000
（9）200000	（11）60000

应收账款

（7）11700	（1）25000

应付账款

（2）50000	（6）87000
（11）60000	

生产成本

(3)20000	
(12)90000	

原材料

(5) 120000	(3) 20000
(6) 87000	
(10) 100000	

短期借款

	(4) 300000
	(9) 200000

主营业务收入

	(7) 10000
	(8) 50000

应交税费

	(7) 1700
	(8) 8500

应交职工薪酬
_____
                    (12) 90000

要求:

(1) 根据上述账户记录中的金额及账户对应关系,分别写出相应的经济业务内容,并编制会计分录;

会 计 分 录 簿

序号	业务描述	会计分录
1		
2		
3		
4		
5		
6		
7		
8		
9		
10		
11		
12		

（2）根据以上会计分录编制科目汇总表。

科目汇总表

日期：　　年　月　　日至　　年　月

记账凭证起讫号数：自第　　　号起至　　　号止　　编号

会计科目	本期发生额		总账页数
	借方	贷方	
合　计			

一、单项选择题(下列每小题备选答案中,只有一个符合题意的正确答案。请将选定答案的编号,用英文大写字母填入括号内)

1. 记账凭证填制正确,登账时文字或数字发生笔误引起的错误应采用( )进行更正。
   - A. 划线更正法
   - B. 重修登记法
   - C. 红字更正法
   - D. 补充登记法

2. 记账人员在登记账簿后,发现所依据的记账凭证中使用的会计科目有误,则更正时应采用的更正方法是( )。
   - A. 平行登记法
   - B. 划线更正法
   - C. 红字更正法
   - D. 补充登记法

3. 记账后发现记账凭证填写的会计科目无误,只是所登记的金额大于应记金额,应采用的错账更正方法为( )。
   - A. 涂改法
   - B. 红线更正法
   - C. 红字更正法
   - D. 补充登记法

4. 下列属于错账更正的方法的是( )。
   - A. 涂改法
   - B. 重新抄写法
   - C. 红字更正
   - D. 补充更正

5. 填制凭证时发生错误,应当( )。
   - A. 采用划线更正法
   - B. 采用补充登记法
   - C. 采用重新填制
   - D. 采用红字更正法

6. 某企业收到银行存款 8000 元,在填制记账凭证时,误将金额记为 6000 元,并已登记入账。当年发现记账错误,更正时应采用的更正方法是( )。
   - A. 重编正确的收款凭证
   - B. 划线更正法
   - C. 红字更正法
   - D. 补充登记法

7. 某企业收到银行存款 8000 元,在填制记账凭证时,误将金额记为 9000 元,并已登记入账。当年发现记账错误,更正时应采用的更正方法是( )。
   - A. 重编正确的收款凭证
   - B. 划线更正法
   - C. 红字更正法
   - D. 补充登记法

8. 某企业用现金支付职工报销医药费 35 元,会计人员编制的付款凭证为借记"应付职工薪酬"53 元,贷记"库存现金"53 元,并已登记入账。当年发现记账错误,更正时应采用的更正方法是( )。
   - A. 划线更正法
   - B. 红字更正法
   - C. 补充登记法
   - D. 重编正确的付款凭证

9. 如记账凭证编制正确,但记账时将 9900 元误记为 990 元,更正时应采用( )。
   - A. 补充登记法
   - B. 红字(全部)冲销法

C. 划线更正法   D. 红字(部分)冲销法

10. 根据记账凭证登账,误将 9900 元记为 19900 元,应采用( )进行更正。

     A. 补充登记法   B. 红字更正法

     C. 划线更正法   D. 平行登记法

11. 下列错账中,可以采用补充登记法更正的是( )。

     A. 在结账前发现账簿记录有文字或数字错误,而记账凭证没有错误。

     B. 记账后在当年年内发现记账凭证所记的会计分录错误。

     C. 记账后在当年年内发现记账凭证所记金额大于应记金额。

     D. 记账后发现记账凭证填写的会计科目无误,只是所记金额小于应记金额。

12. 采用补充登记法,是因为( ),导致账簿记录错误。

     A. 记账凭证上会计科目错误

     B. 记账凭证上记账方向错误

     C. 记账凭证上会计科目、记账方向正确,所记金额大于应记金额

     D. 记账凭证上会计科目、记账方向正确,所记金额小于应记金额

13. 企业生产车间因生产产品领用材料 88000 元,在填制记账凭证时,将借方科目计为"管理费用"并已登记入账,应采用的错账更正方法是( )。

     A. 补充登记法   B. 红字更正法

     C. 划线更正法   D. 重填记账凭法

14. 对"开出现金支票支付生产车间水电费 51000 元"这项业务,若发生记账错误,下列说法中正确的是( )。

     A. 若编记账凭证时无误,账簿记录中将 51000 误记为 15000,应采用补充登记法予以更正。

     B. 若编记账凭证时将 51000 误记为 510000,会计科目正确,已登记入账,应采用划线更正法予以更正。

     C. 若编记账凭证时将贷方科目计为"库存现金",金额计为 15000,且已登记入账,应采用补充登记法予以更正。

     D. 若编记账凭证时将借方科目记为"管理费用",且已登记入账,应采用红字更正法予以更正。

15. 采用补充登记法纠正错误的,应编制( )。

     A. 红字记账凭证

     B. 蓝字记账凭证

     C. 一张红字及一张蓝字记账凭证

     D. 不能确定

16. 财产清查是通过实地盘点、查证核对来查明( )是否相符的一种方法。

     A. 账证   B. 账账

     C. 账实   D. 账表

17. 单位在年末、季末或月末结账前所进行的财产清查属于( )。

     A. 财产临时清查   B. 财产定期清查

     C. 现金清查   D. 财产抽查

18. 一般来说,在企业撤销、合并和改变隶属关系时,应对财产物资进行( )。
    A. 全面清查　　　　　　　　B. 局部清查
    C. 抽样清查　　　　　　　　D. 定期清查
19. 库存现金的清查应采用的方法是( )。
    A. 对账单法　　　　　　　　B. 技术分析法
    C. 查询核实法　　　　　　　D. 实地盘点法
20. 对银行存款所采用的清查方法一般是( )。
    A. 技术推算法　　　　　　　B. 测量计算法
    C. 实地盘点法　　　　　　　D. 对账单法
21. 对固定资产所采用的清查方法一般是( )。
    A. 技术推算法　　　　　　　B. 测量计算法
    C. 实地盘点法　　　　　　　D. 对账单法
22. 对大宗煤炭所采用的清查方法一般是( )。
    A. 技术推算法　　　　　　　B. 测量计算法
    C. 实地盘点法　　　　　　　D. 对账单法
23. "实存账存对比表"是一种( )。
    A. 原始凭证
    B. 记账凭证
    C. 会计报表
    D. 与会计核算无直接关系的书面文件
24. 因管理不善而导致存货的盘亏,如果责任人无法确定,一般应计入( )。
    A. 其他应收款　　　　　　　B. 管理费用
    C. 营业外支出　　　　　　　D. 财务费用
25. "未达账项"是指企业与银行双方,由于凭证传递和入账时间不一致,而发生的( )。
    A. 一方已入账,另一方未入账的款项
    B. 双方登账出现的款项
    C. 一方重复入账和款项
    D. 双方均未入账的款项
26. 单位进行资产重组时,一般应进行( )。
    A. 局部清查　　　　　　　　B. 全面清查
    C. 重点清查　　　　　　　　D. 抽查
27. 对贵重物资一般要经常进行( )清查,至少每月清查盘点一次。
    A. 局部　　　　　　　　　　B. 全面
    C. 不定期　　　　　　　　　D. 非重点
28. 在财产清查中,填制的"账存实存对比表"是( )。
    A. 登记总分类账的直接依据　　B. 调整账面记录的原始凭证
    C. 调整账面记录的记账凭证　　D. 登记日记账的直接依据

29. 为了记录、反映财产物资的盘盈、盘亏和毁损情况,应当设置(   )科目。
    A. 固定资产清理   B. 待处理财产损溢
    C. 长期待摊费用   D. 营业外支出

30. 由于管理不善导致存货的盘亏一般应作为(   )处理。
    A. 营业外支出   B. 管理费用
    C. 财务费用   D. 其他应收款

31. 银行存款日记账与银行对账单之间的核对属于(   )。
    A. 账证核对   B. 账账核对
    C. 账实核对   D. 余额核对

32. 甲企业与乙企业之间存在购销关系,甲企业定期将"应收账款——乙企业"明细账与乙企业的"应付账款——甲企业"明细账进行核对,这种对账属于(   )。
    A. 账证核对   B. 账账核对
    C. 账实核对   D. 余额核对

33. 某企业在财产清查中,盘亏库存现金 1000 元,其中 400 元应由出纳员赔偿,另外 600 元无法查明原因。现经批准后,转销现金盘亏的会计分录为(   )。
    A. 借:待处理财产损益   1000
          贷:库存现金   1000
    B. 借:管理费用   600
          营业外支出   400
          贷:库存现金   1000
    C. 借:管理费用   600
          其他应收款   400
          贷:库存现金   1000
    D. 借:管理费用   600
          其他应收款   400
          贷:待处理财产损益   1000

34. 某企业在财产清查过程中,盘盈材料一批,价值为 10000 元,报经批准后,会计处理上应贷记(   )科目。
    A. 营业外收入   B. 管理费用
    C. 原材料   D. 营业外支出

35. 某企业在财产清查中,盘亏材料 10000 元,经查实,属非常损失,报经批准后该项损失应计入(   )
    A. 营业外支出   B. 其他应收款
    C. 管理费用   D. 冲减营业外收入

36. 某公司在 2009 年 10 月 31 日的银行核对中发现,银行存款日记账账面余额为 217300 元,银行对账单余额 254690 元,经逐笔核查,发现有如下未达账项:①企业未收,银行已收 42100 元,②企业已收,银行未收 21600 元,③企业未付,银行已付 5000 元,④企业已付,银行未付 21890 元,调整后银行存款的余额应是(   )。
    A. 217300 元   B. 254690 元

　　C. 254400 元　　　　　　　　　　D. 276290 元

37. 下列物资中,用抽样盘点发进行财产清查的是(　　　)。

　　A. 成套设备　　　　　　　　　　B. 低值易耗品

　　C. 矿砂　　　　　　　　　　　　D. 汽车

38. 下列不属于财产清查方法的是(　　　)。

　　A. 实地盘点法　　　　　　　　　B. 发函询证

　　C. 技术推算法　　　　　　　　　D. 永续盘存法

39. 编制银行存款余额调节表时,本单位银行存款调节后的余额等于(　　　)。

　　A. 本单位银行存款余额 + 本单位已记增加而银行未记增加的账项 – 银行已记增加
　　而本单位未记增加的账项

　　B. 本单位银行存款余额 + 银行已记增加而本单位未记减少的账项 – 银行已记增加
　　而本单位未记减少的账项

　　C. 本单位银行存款余额 + 本单位已记增加而银行未记增加的账项 – 本单位已记增
　　加而银行未记增加的账项

　　D. 本单位银行存款余额 + 银行已记减少而本单位未记减少的账项 – 银行已记增加
　　而本单位未记增加的账项

40. 因更换出纳员而对现金进行盘点和核对,属于(　　　)。

　　A. 全面清查和不定期清查

　　B . 全面清查和定期清查

　　C. 局部清查和不定期清查

　　D. 局部清查和定期清查

41. 月末企业银行存款日记账余额为 880000 元,银行对账单余额为 870000 元,经过未达
　　账项调节后的余额为 860000,则对账日企业可以动用的银行存款实有数额
　　为(　　　)元。

　　A. 880000　　　　　　　　　　　B. 860000

　　C. 870000　　　　　　　　　　　D. 不能确定

42. 银行存款清查中发现的未达账项应编制(　　　)来检查调整后的余额是否相等。

　　A. 对账单　　　　　　　　　　　B. 实存账存对比表

　　C. 盘存单　　　　　　　　　　　D. 银行存款余额调节表

43. 以下情况,宜采用局部清查的有(　　　)。

　　A. 年终决算前进行的清查　　　　B. 企业清产核资时进行的清查

　　C. 企业更换财产保管人员时　　　D. 企业改组为股份制试点企业进行清查

44. 单位撤销、合并所进行的清查按时间分类,属于(　　　)。

　　A. 全部清查　　　　　　　　　　B. 局部清查

　　C. 定期清查　　　　　　　　　　D. 不定期清查

45. 下列项目会使银行日记账与银行对账单两者余额不一致的有(　　　)。

　　A. 未达账项　　　　　　　　　　B. 银行对账单记账有误

　　C. 单位银行存款日记账记账有误　D. 以上三项都有可能

46. 企业通过实地盘点法先确定期末存货的数量,然后倒挤出本期发出存货的数量,处理

制度称为(　　)。

    A. 权责发生制　　　　　　　　B. 收付实现制

    C. 账面盘存制　　　　　　　　D. 实地盘存制

47. 对各项财产物资的增减数都须根据有关凭证逐笔或逐日登记有关账簿并随时结出账面余额的方法称为(　　)。

    A. 永续盘存制　　　　　　　　B. 收付实现制

    C. 权责发生制　　　　　　　　D. 实地盘存制

48. 应由责任人赔偿的存货毁损经批准应借记(　　)。

    A. 其他应收款　　　　　　　　B. 管理费用

    C. 待处理财产损益　　　　　　D. 营业外收入

49. "待处理财产损溢"账户的贷方登记(　　)。

    A. 发生的待处理财产盘亏　　　B. 收付实现制

    C. 发生的待处理财产毁损　　　D. 批准处理的待处理财产盘亏

50. 对于现金的盘点,应将其结果及时填列在(　　)上。

    A. 盘存单　　　　　　　　　　B. 实存账存对比表

    C. 现金盘点报告表　　　　　　D. 对账单

二、多项选择题(下列每小题备选答案中,有两个或两个以上符合题意的正确答案。请将选定答案的编号,用英文大写字母填入括号内)

1. 记账后,发现记账凭证中的金额有错误,导致账簿记录错误,不能采用的错账更正方法是(　　)。

    A. 划线更正法　　　　　　　　B. 红字更正法

    C. 补充登记法　　　　　　　　D. 重新抄写法

2. 登账时遇到(　　)情况应用红色墨水书写。

    A. 直接更改错误的文字和数字记录

    B. 补充登记漏记的金额

    C. 在不设减少金额栏的多栏式账页中,登记减少数

    D. 在三栏式账户的余额栏前,如未印明余额方向的,在余额栏内登记负数金额

3. 下列情况中可用红色墨水登记账簿的有(　　)。

    A. 按照红字冲账的记账凭证,冲销错误记录

    B. 在不设借贷多栏的多栏式账页中,登记减少数

    C. 在三栏式账户的余额栏前,如未印明余额方向的,在余额内登记负数余额

    D. 根据国家统一的会计制度的规定可以用红字登记的其他会计记录

4. 下列资产中,需要从数量和质量两个方面进行清查的有(　　)。

    A. 货币资金　　　　　　　　　B. 原材料

    C. 产成品　　　　　　　　　　D. 应收账款

5. 对财产清查的结果,应以国家有关的法规、制度为依据,认真处理,具体要求有(　　)。

    A. 分析产生差异的原因和性质,提出处理建议

    B. 积极处理多余、积压物资,清理往来账

    C. 总结经验教训,提出改进措施,建立健全金额管理制度

D. 根据清查结果,调整账簿记录,做到账实相符

6. 会使企业银行存款日记账账面余额小于银行对账单余额的未达账户有(　　)。

A. 企业已收,银行未收　　　　　B. 企业已付,银行未付

C. 企业未收,银行已收　　　　　D. 企业未付,银行已付

7. 财产清查结果处理的要求是(　　)。

A. 分析产生差异的原因和性质,提出处理建议

B. 积极处理多余挤压财产,清理往来款项

C. 总结经验教训,建立健全各项管理制度

D. 及时调整账簿记录,保证账实相符

8. 企业财产清查中,可以作为调整账簿记录的原始凭证的是(　　)。

A. 库存现金盘点报告表　　　　　B. 银行存款余额调节表

C. 清查结果报告表　　　　　　　D. 盘点报告表

9. 下列对账项目中,属于账实核对的有(　　)。

A. 会计账簿记录与会计凭证核对

B. 银行存款日记账与银行对账单核对

C. 总分类账与所属明细分类账簿核对

D. 债权债务明细账与对方单位账簿记录核对

10. 一般而言,在以下情况中,需要进行财产全面清查的有(　　)。

A. 单位主要负责人调离工作

B. 单位撤销、分立

C. 单位改变隶属关系

D. 开展清产核资

11. 下列未达账项中,会使本企业"银行存款日记账账面余额"大于银行对账单的有(　　)。

A. 企业已收,银行未收款　　　　B. 银行已收,企业未收款

C. 银行已付,企业未付款　　　　D. 企业已付,银行未付款

12. 某企业在财产清查中,发现短缺设备一台,账面原值 30000 元,已计提折旧 10000 元,在报经批准前企业应作会计分录的借方为(　　)。

A. "待处理财产损溢"30000 元　　B. "营业外支出"20000 元

C. "累计折旧"10000 元　　　　　D. "待处理财产损溢"20000 元

13. 财产清查中要填制的"账存实存对比表"是(　　)。

A. 调整账簿的原始凭证　　　　　B. 财产清查的重要报表

C. 登记日记账的直接依据　　　　D. 调整账簿记录的记账凭证

14. 财产物资的盘存制度有(　　)。

A. 权责发生制　　　　　　　　　B. 收付实现制

C. 实地盘存制　　　　　　　　　D. 永续盘存制

15. 以下资产可以采用实地盘点法进行清查的是(　　)。

A. 库存现金　　　　　　　　　　B. 原材料

C. 银行存款　　　　　　　　　　D. 固定资产

16. 企业编制银行存款余额调节表,在调整银行存款日记账余额时,应考虑的情况有 ( )。

    A. 企业已收银行未收
    B. 银行已收企业未收

    C. 银行已付企业未付
    D. 企业已付银行未付

17. 编制银行存款余额调节表时,以下( )情况会使企业银行存款日记账余额大于 银行对账单余额。

    A. 企业收到销售货物的支票,已计银行存款增加,但银行还未收妥款项

    B. 银行直接转账代缴企业应付的水电费,但还未通知企业入账

    C. 银行已收妥托收款,尚未将收款通知转给企业

    D. 企业开出支票支付货款,已根据支票存根进行账务处理,但银行尚未入账

18. 不定期清查一般是在( )时进行。

    A. 季末结账
    B. 月末结账

    C. 更换财产物资保管人员
    D. 发生非常损失

19. 编制"银行存款余额调节表"时,计算调节后的余额应以企业银行存款日记账余额 ( )。

    A. 加银行已收,而企业未入账的收入款项

    B. 加企业应收,但银行未入账的收入款项

    C. 减银行已付,而企业未付的款项

    D. 减企业已付,而银行未付的款项

20. 下列会引起财产物资账实不符的情形有( )。

    A. 财产物资的自然损耗
    B. 财产物资收发计量错误

    C. 财产物资的毁损、被盗
    D. 会计账簿漏记账、重记、错记

三、不定项选择题(下列各题,有一个或一个以上符合题意的正确答案。请将选定答案的 编号,用英文大写字母填入括号内)

1. 某企业进行现金清查时,发现现金实有数比账面余额多100元。经反复核查,长款原 因不明。正确的处理方法是( )。

    A. 归出纳员个人所有
    B. 冲减管理费用

    C. 确认为其他业务收入
    D. 确认为营业外收入

2. 下列事项属于未达账项的有( )。

    A. 银行已收,企业未收
    B. 银行已付,企业未付

    C. 企业已收,银行未收
    D. 银行未付,企业已付

3. 对应盘亏、毁损的存货,经批准后进行账务处理时,可能涉及的借方账户有( )。

    A. 其他应收款
    B. 营业外支出

    C. 管理费用
    D. 原材料

4. 财产清查的作用包括( )。

    A. 保护各项财产的安全完整

    B. 保证账簿记录的正确性

    C. 挖掘财产物资的潜力,加速资金周转

    D. 保证会计资料的真实可靠

5. 某公司 10 月初账户余额:在产品 4000 元,库存商品 38000 元。10 月发生的直接材料、直接人工、制造费用 45000 元,完工产品 42000 元,发出商品 40000 元,盘亏商品 2000 元。10 月末库存商品账户余额是(　　　　)。

    A. 40000 元   B. 42000 元

    C. 7000 元   D. 38000 元

四、判断题(请在每小题后面的括号内填入判断结果,正确的用"√"表示,错误的用"×"表示)

1. 清查出账实不符的财产物资,虽然还未经批准,但通过有关会计账务处理,已能达到账实相符。 (　　　)

2. 盘点实物时,发现账面数额大于实存数,即为盘盈。 (　　　)

3. 在记账凭证编制的基本要求中规定,填制记账凭证时若发生错误,应当用蓝字填制一张更正的记账凭证。 (　　　)

4. 会计人员在记账以后,若发现所依据的记账凭证中的应借、应贷会计科目有错误,则不论金额多记还是少记,均采用红字更正法进行更正。 (　　　)

5. 红字更正法适用于记账凭证所记会计科目错误,或者会计科目无误而所记金额大于应记金额,从而引起的记账错误。 (　　　)

6. 补充登记法一般适用于记账凭证所记会计科目无误,只是所记金额大于应记金额,从而引起的记账错误。 (　　　)

7. "银行余额调节表"不但起对账的作用,而且是调节银行存款日记账账面余额的凭证。 (　　　)

8. 银行存款日记账账面余额与银行对账单的余额核对是账账核对。 (　　　)

9. 存货的盘亏或毁损属于自然灾害造成的,其净损失计入"管理费用"。 (　　　)

10. 定期财产清查的对象不定,可以是全面清查也可以是局部清查。 (　　　)

11. 财产清查时应本着先认定质量、后清查数量、核对有关账簿记录等的原则进行。 (　　　)

12. "现金盘点报告表"由盘点人签章后即可生效。 (　　　)

13. 企业财产清查中,发现账外设备一台,报经批准后,应冲减"营业外支出"。 (　　　)

14. 先确定期末库存存货成本,后确定本期发出存货成本的方法,称为永续盘存制。 (　　　)

15. 永续盘存制下,可以通过存货明细账的记录随时结出存货的结存数量,故不需要对存货进行盘点。 (　　　)

16. 企业采用永续盘存制对存货进行核算时,在期末必须对存货进行实地盘点,否则无法确定本期发出存货成本。 (　　　)

17. 采用永续盘存制,对财产物资也必须进行定期或不定期的清查盘点。 (　　　)

18. 只有永续盘存制下才可能出现财产的盘盈、盘亏现象。 (　　　)

19. 实地盘存制是以耗计存或以销计存,一般适用于一些价值低、品种杂、进出频繁的商品或材料物资。 (　　　)

20. 实地盘存制能随时反映存货的收入、发出和结存动态。 (　　　)

21. 企业的财产清查无论什么情况,均应先通过"待处理财产损溢"账户,最后再转入"营

业外收入"或"营业外支出"账户。　　　　　　　　　　　　　　　　　（　　）

22. 盘亏的固定资产,按同类或类似固定资产的重置价值,减去根据其新旧程度估计的已提折旧后的余额作为入账价值。　　　　　　　　　　　　　　　　（　　）

23. 在清查现金时,对于尚未入账的临时性借条及暂未领取的代保管现金,均不得计入实存数,对存放在不同地点的现金备用金,盘点应在同一时间进行。　　　　（　　）

24. 对于盘盈或盘亏的财产物资,需在期末结账前处理完毕,如在期末结账前尚未经批准处理的,等批准后进行处理。　　　　　　　　　　　　　　　　　　（　　）

五、综合题

1. 根据所给会计凭证及账簿资料,查找会计记录差错,指出应采用的差错更正方法,并更正。

南京俊达电子设备有限公司 2009 年 8 月 12 日发生的经济业务:12 日以银行存款支付购办公用品款 469 元。会计资料如图 6 – 1、图 6 – 2、图 6 – 3 所示。

要求:

（1）指出每笔业务存在的会计差错;

（2）说明应采用的差错更正方法;

（3）进行差错更正,每笔业务更正凭证起始编号为 100 号,空白记账凭证附后,账簿更正直接更正在题目提供的账页上。

付 款 凭 证

贷方科目:银行存款　　　　　　　2009 年 8 月 12 日　　　　　　　银付字第 18 号

摘　要	借方科目		金　额										✓
	一级科目	明细科目	千	百	十	万	千	百	十	元	角	分	
付办公用品款	管理费用	办公费						4	6	9	0	0	
附件 1 张	合　计						¥	4	6	9	0	0	

会计主管　赵一　　　记账　钱二　　　复核　张三　　　制单　李四　　　出纳　王五

图 6 – 1　付款凭证

银行存款日记账

第 32 页

2009 年		凭证号数	摘　要	借　方									贷　方									余　额								
月	日			千	百	十	万	千	百	十	元	角	分	千	百	十	万	千	百	十	元	角	分	千	百	十	万	千	百	十	元	角	分
8	10		承前页																							1	6	0	8	0	0	0	0
	12	银付18	付办公用品款					4	9	6	0	0														1	6	5	7	6	0	0	0

图 6 – 2　银行存款日记账

管理费用明细账

第 17 页

2009 年		凭证号数	摘 要	为公费									其 他									合 计								
月	日			千	百	十	万	千	百	十	元	角	分	千	百	十	万	千	百	十	元	角	分	千	百	十	万	千	百	十	元	角	分
8	10		承前页																							2	1	6	0	8	0	8	0
	12	银付 18	付办公用品款					4	9	6	0	0														2	1	6	5	7	6	8	0

图 6 - 3 管理费用明细账

2. 根据所给会计凭证及账簿资料,查找会计记录差错,指出应采用的差错更正方法,并更正。

南京俊达电子设备有限公司 2009 年 8 月 17 日发生的经济业务:17 日发生广告费 5000 元,款项尚未支付。会计资料如图 6 - 4、图 6 - 5、图 6 - 6 所示。

转 账 凭 证

2009 年 8 月 17 日

转字第 23 号

摘 要	会计科目		借方金额										贷方金额										√
	一级科目	明细科目	千	百	十	万	千	百	十	元	角	分	千	百	十	万	千	百	十	元	角	分	
发生广告费	销售费用	广告费				5	0	0	0	0	0	0											
	应付账款	广告公司														5	0	0	0	0	0	0	
附件 1 张	合 计		￥	5	0	0	0	0	0	0			￥	5	0	0	0	0	0	0			

会计主管 赵一 记账 钱二 复核 张三 制单 李四 出纳 王五

图 6 - 4 转账凭证

要求:

(1) 指出每笔业务存在的会计差错;

(2) 说明应采用的差错更正方法;

(3) 进行差错更正,每笔业务更正凭证起始编号为 100 号,空白记账凭证附后,账簿更正直接更正在题目提供的账页上。

销售费用 明细账 第 4 页

2009年		凭证号数	摘 要	广 告 费										其 他										合 计									
月	日			千	百	十	万	千	百	十	元	角	分	千	百	十	万	千	百	十	元	角	分	千	百	十	万	千	百	十	元	角	分
8	15		承前页																						8	6	7	5	0	0	0	0
	17	转23	发生广告费				5	0	0	0	0	0	0														5	0	0	0	0	0	0

图6-5 销售费用明细账

应付账款 明细账 第 1 页

2009年		凭证号数	摘 要	借 方										贷 方										借或贷	余 额									
月	日			千	百	十	万	千	百	十	元	角	分	千	百	十	万	千	百	十	元	角	分		千	百	十	万	千	百	十	元	角	分
8	17	转23	发生广告费															5	0	0	0	0	0	0	贷					5	0	0	0	0	0	0

图6-6 应付账款明细账

3. 根据所给会计凭证及账簿资料,查找会计记录差错,指出应采用的差错更正方法,并更正。

南京俊达电子设备有限公司 2009 年 8 月 25 日发生的经济业务:25 日职工王平报销差旅费 785.40 元(已预借 1000 元),余款 214.6 元已退回。会计资料如图 6-7、图 6-8、图 6-9、图 6-10、图 6-11 所示。

收 款 凭 证

借方科目:库存现金   2009 年 8 月 25 日   现收字第 5 号

摘 要	贷方科目		金 额										✓
	一级科目	明细科目	千	百	十	万	千	百	十	元	角	分	
王平退回差旅费余款	其他应收款	王平					2	0	1	4	6	0	
附件1张	合 计						¥	2	1	4	6	0	

会计主管 赵一   记账 钱二   复核 张三   制单 李四   出纳 王五

图6-7 收款凭证

转 账 凭 证

2009 年 8 月 25 日　　　　　　　　　　　　　　　　　转字第 57 号

摘　要	会计科目		借方金额										贷方金额										√
	一级科目	明细科目	千	百	十	万	千	百	十	元	角	分	千	百	十	万	千	百	十	元	角	分	
王平报销差旅费	管理费用	差旅费					7	8	3	4	0												
	其他应收款	王平															7	8	3	4	0		
附件1张	合　计					¥	7	8	3	4	0					¥	7	8	3	4	0		

会计主管　赵一　　记账　钱二　　复核　张三　　　　制单　李四　　　　出纳　王五

图 6-8　转账凭证

现金日记账

第 16 页

2009 年		凭证号数	摘　要	借　方										贷　方										余　额									
月	日			千	百	十	万	千	百	十	元	角	分	千	百	十	万	千	百	十	元	角	分	千	百	十	万	千	百	十	元	角	分
8	24		承前页																							3	2	4	8	7	0	
	25	现收 5	王平报销退余款					2	1	4	6	0														3	4	6	3	3	0	

图 6-9　现金日记账

其他应收款 明 细 账

第 1 页

2009 年		凭证号数	摘　要	借　方										贷　方										借或贷	余　额								
月	日			千	百	十	万	千	百	十	元	角	分	千	百	十	万	千	百	十	元	角	分		千	百	十	万	千	百	十	元	角	分
8	20	现付 16	王平预借差旅费				1	0	0	0	0	0												借				1	0	0	0	0	0	
	25	现收 5	王平报销退余款															2	1	4	6	0											
	25	转 57	王平报销差旅费															7	8	3	4	0	借								2	0	0

图 6-10　其他应收款明细账

管理费用 明细账

2009年		凭证号数	摘　要	差　旅　费										其　他										合　计									
月	日			千	百	十	万	千	百	十	元	角	分	千	百	十	万	千	百	十	元	角	分	千	百	十	万	千	百	十	元	角	分
8	10		承前页																						2	1	6	0	8	0	8	0
	12	银付18	付办公用品款						4	9	6	0	0															4	9	6	0	0
	25	转57	王平报销差旅费						7	8	3	4	0															7	8	3	4	0

图 6 – 11　管理费用明细账

4. 根据所给会计凭证及账簿资料,查找会计记录差错,指出应采用的差错更正方法,并更正。

　　南京俊达电子设备有限公司 2009 年 8 月 31 日发生的经济业务:月末结算本月发生工资,其中车间管理人员工资 68400 元。会计资料如图 6 – 12、图 6 – 13、图 6 – 14所示。

　要求:

（1）指出每笔业务存在的会计差错;

（2）说明应采用的差错更正方法;

（3）进行差错更正,每笔业务更正凭证起始编号为 100 号,空白记账凭证附后,账簿更正直接更正在题目提供的账页上。

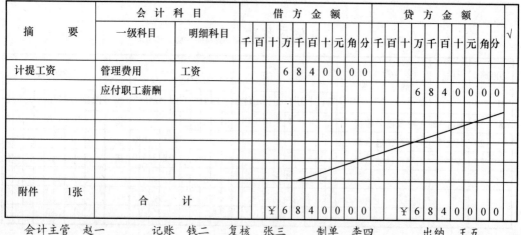

图 6 – 12　转账凭证

管理费用　明细账　　　　　第 17 页

2009年 月	日	凭证号数	摘要	工资 千 百 十 万 千 百 十 元 角 分	其他 千 百 十 万 千 百 十 元 角 分	合计 千 百 十 万 千 百 十 元 角 分
8	22		承前页			8 7 8 5 6 0 0 0
	31	转68	计提本月工资	6 8 4 0 0 0 0		6 8 4 0 0 0 0

图 6-13　管理费用明细账

应付职工薪酬　总账　　　　　第 1 页

2009年 月	日	凭证号数	摘要	借方 千 百 十 万 千 百 十 元 角 分	贷方 千 百 十 万 千 百 十 元 角 分	借或贷	余额 千 百 十 万 千 百 十 元 角 分
8	31	转68	计提本月工资		6 8 4 0 0 0 0	贷	6 8 4 0 0 0 0

图 6-14　应付职工薪酬总账

5. 根据银行存款日记账和银行对账单进行银行存款的清查,编制"银行存款余额调节表"。

　　南京俊达电子设备有限公司 2009 年 9 月 30 日接到其开户行银行对账单,银行对账单余额为 3204963 元,企业银行存款日记账余额为 2037339 元。经核对找出如下未达账项:

　　(1) 企业将销售收入的银行支票 100000 元送开户行,银行尚未入账;

　　(2) 企业因购买原材料,支付工资签发银行支票,其金额分别为:1120219 元、139455 元,银行尚未入账;

　　(3) 银行代企业收到一笔应收款 10000 元,企业尚未收到入账通知;

　　(4) 银行收取企业办理结算的手续费和电报费分别为 550 元,1500 元,企业尚未收到付款通知。

　　要求:根据上述资料编制"银行存款余额调节表"。

6. 根据银行日记账和银行对账单进行银行存款清查,编制"银行存款余额调节表"。

　　【资料1】南京俊达电子设备有限公司 2009 年 6 月 20 日至月末所记的经济业务如下:

　　(1) 20 日,开出转账支票支付购入 A 材料的货款 2000 元。

　　(2) 21 日,收到货款 5000 元,存入银行。

　　(3) 25 日,开出转账支票支付购买 A 材料运费 500 元。

　　(4) 27 日,开出转账支票购买办公用品 1200 元。

　　(5) 28 日,收到销货款 6800,存入银行。

（6）29 日,开出转账支票预付下半年报刊费 600 元。

（7）30 日,银行存款日记账余额为 30636 元。

【资料2】南京俊达电子设备有限公司的开户银行的对账单所列 2009 年 6 月 20 日至月末所记的经济业务如下:

（1）20 日,代收外地企业汇来的货款 2800 元。

（2）22 日,收到公司开出的转账支票,金额为 2000 元。

（3）23 日,收到销货款 5000 元。

（4）25 日,银行为企业代付水电费 540 元。

（5）28 日,收到公司开出的转账支票,金额为 500 元。

（6）30 日,结算银行存款利息 282 元。

（7）30 日,银行对账单余额为 28178 元。

要求,根据上述资料,进行银行存款的核对,找出未达账项,并编制"银行存款余额调节表"。

7. 错账更正,编制"银行存款余额调节表"。

南京俊达电子设备有限公司 2009 年 11 月 30 日银行存款日记账月末余额为 27825 元,比银行对账单余额多 2370 元,经逐笔核对,发现有下列未达账项及错误记录:

（1）银行代企业收取货款 4900 元,企业尚未入账。

（2）银行代付水电费 3450 元,企业尚未入账。

（3）企业收到转账支票一张,价值 10420 元,尚未送交银行。

（4）企业开出转账支票 7500 元,银行尚未入账。

（5）企业将存款收入 7800 元误记为 8700 元(记账凭证正确)。

要求:

（1）采用何种错账更正方法,并说明如何更正错账。

（2）编制银行存款余额调节表。

一、单项选择题(下列每小题备选答案中,只有一个符合题意的正确答案。请将选定答案的编号,用英文大写字母填入括号内)

1. 我国会计制度规定,利润表采用( )结构。
   A. 账户式　　　　　　　　B. 报告式
   C. 多步式　　　　　　　　D. 单步式

2. ( )是指反映企业在一定会计期间的经营成果的会计报表。
   A. 资产负债表　　　　　　B. 利润表
   C. 现金流量表　　　　　　D. 所有者权益变动表

3. 资产负债表反映企业( )。
   A. 特定日期的经营成果　　B. 特点时期的经营成果
   C. 特点日期的财务状况　　D. 特定时期的财务状况

4. 下列项目中,在编制资产负债表时,( )可根据其总账账户的余额直接填列。
   A. 应收账款　　　　　　　B. 应付账款
   C. 存货　　　　　　　　　D. 短期借款

5. 企业对可能发生的各项资产损失计提资产减值或跌价准备,充分体现了( )的要求。
   A. 权责发生制　　　　　　B. 实质重于形式
   C. 谨慎性　　　　　　　　D. 可靠性

6. 季度财务会计报告应于每季度终了后的( )日内报出。
   A. 10　　　　　　　　　　B. 15
   C. 6　　　　　　　　　　　D. 30

7. 在资产负债表中,下列属于非流动资产项目的是( )。
   A. 其他应收款　　　　　　B. 交易性金融资产
   C. 长期股权投资　　　　　D. 预付账款

8. 我国企业的资产负债表采用( )结构。
   A. 多步式　　　　　　　　B. 报告式
   C. 单步式　　　　　　　　D. 账户式

9. 资产负债表的资产项目自上而下的排序方法是( )。
   A. 按资产使用时间长短和周转快慢排列
   B. 按资产的永久性和使用时间长短排列
   C. 按资产的流动性和变现的快慢排列
   D. 按资产获得经济效益大小和耐用性排列

10. 下列各项不在资产负债表中反映的是( )。
    A. 未分配利润　　　　　　B. 实收资本

C. 所得税费用   D. 盈余公积

11. "预收账款"科目所属明细科目中期末如有借方余额,应将其计入资产负债表的( )。

    A. 预付账款   B. 预收账款

    C. 其他应收款   D. 应收账款

12. 年度财务会计报告,应于年度终了后( )内对外报送。

    A. 6 日   B. 15 日

    C. 60 日   D. 4 个月

13. 账户财务资产负债表分为左右两方,其中左为( )。

    A. 资产项,按资产的流动性自大到小顺序排列

    B. 资产项,按资产的流动性自小到大顺序排列

    C. 负债及所有者权益项,一般按求偿权先后顺序排列

    D. 负债及所有者权益项,一般按短期负债、长期负债、所有者权益顺序排

14. 某企业"应收账款"有关明细账借方余额为 160000 元,贷方余额为 70000 元,坏账准备为 500 元,在资产负债表中,"应收账款"项目数额应为( )元。

    A. 160000   B. 90000

    C. 159500   D. 89500

15. 某企业 2009 年 12 月 31 日结账后的"固定资产"科目余额为 1000000 元,"累计折旧"科目余额为 90000 元,"固定资产减值准备"科目余额为 200000 元,则资产负债表中"固定资产"项目金额为( )。

    A. 1000000   B. 90000

    C. 800000   D. 710000

16. 会计报表是定期编制的,其编制的依据是( )。

    A. 会计凭证   B. 会计账簿记录

    C. 原始凭证   D. 记账凭证

17. 会计核算的最终成果是( )。

    A. 会计凭证   B. 总分类账

    C. 财务会计报告   D. 明细分类账

18. 最关心企业的内在风险和报酬的会计报表使用者是( )。

    A. 股东   B. 债权人

    C. 潜在投资者   D. 企业职工

19. 某企业期末"银行存款"余额 250000 元,"库存现金"余额 2500 元,"其他货币资金"余额 52500 元,期末资产负债表"货币资金"项目应为( )元。

    A. 252500   B. 55000

    C. 75000   D. 305000

20. 某公司期末"其他应收款"余额 50000 元,"应付账款"贷方余额 160000 元,其中:应付 A 公司贷方 165000 元,应付 B 公司借方 5000 元,预付乙公司借方 55000 元。期末资产负债表"应付账款"项目应为( )。

    A. 170000   B. 165000

C. 150000   D. 110000

21. 某公司 2009 年 12 月份利润表"本期金额"栏有关数字如下:营业利润 32000 元,营业外收入 5000 元,营业外支出 50000 元。该公司 12 月份利润总额为( )元。

    A. -32000   B. 32000

    C. 13000   D. -13000

22. 资产负债表中的"存货"项目,应根据( )。

    A. "存货"账户的期末借方余额直接填列

    B. "原材料"账户的期末借方余额直接填列

    C. "原材料"、"生产成本"和"库存商品"等账户的期末借方余额之和填列

    D. "原材料"、"工程物资"和"库存商品"等账户的期末借方余额之和填列

23. 在利润表中,利润总额减去( )后,得出净利润。

    A. 管理费用、财务费用

    B. 增值税

    C. 营业外收支净额

    D. 所得税费用

24. 下列财务报表组成部分中,可以不在企业中期财务报告中反映的是( )。

    A. 资产负债表   B. 利润表

    C. 所有者权益变动表   D. 附注

25. 编制利润表的主要根据是( )。

    A. 资产、负债及所有者权益各账户的本期发生额

    B. 资产、负债及所有者权益各账户的期末发生额

    C. 损益类各账户的本期发生额

    D. 损益类各账户的期末余额

26. 资产负债表的下列项目中,需要根据几个总账科目的期末余额进行汇总填列的是( )。

    A. 资本公积   B. 应付职工薪酬

    C. 短期借款   D. 货币资金

27. 资产负债表中所有者权益部分是按照( )顺序排列的。

    A. 实收资本、盈余公积、资本公积、未分配利润

    B. 资本公积、实收资本、盈余公积、未分配利润

    C. 资本公积、实收资本、未分配利润、盈余公积

    D. 实收资本、资本公积、盈余公积、未分配利润

28. 编制会计报表时,以"资产=负债+所有者权益"这一会计等式作为编制依据的会计报表是( )。

    A. 利润表   B. 所有者权益变动表

    C. 资产负债表   D. 现金流量表

29. 编制会计报表时,以"收入-费用=利润"这一会计等式作为编制依据的会计报表是( )。

    A. 利润表   B. 所有者权益变动表

C. 资产负债表   D. 现金流量表

30. 下列各项中,不会影响利润总额增减变化的是( )。

     A. 销售费用   B. 管理费用

     C. 所得税费用   D. 营业外支出

二、多项选择题(下列每小题备选答案中,有两个或两个以上符合题意的正确答案。请将选定答案的编号,用英文大写字母填入括号内)

1. 企业对外提供的财务报告的封面上应当注明( )。

     A. 企业名称   B. 报表所属年度或月份

     C. 企业统一代码   D. 行业统一代码

2. 财务会计目标是通过编制财务报告,借以反应企业的( )。

     A. 成本费用   B. 经营成果

     C. 财务状况   D. 现金流量

3. 资产负债表的格式主要有( )。

     A. 单步式   B. 账户式

     C. 报告式   D. 多步式

4. 下列属于中期财务会计报告的有( )。

     A. 季报   B. 半年报

     C. 月报   D. 年报

5. 下列各项中,属于财务会计报告编制基本要求的有( )。

     A. 相关可比   B. 全面完整

     C. 真实可靠   D. 历史成本

6. 新《企业会计准则》规定,中期财务会计报告至少应当包括( )。

     A. 资产负债表   B. 利润表

     C. 现金流量表   D. 附注

7. 为充分发挥会计报表的作用,保证会计报表的质量,会计报表的编制必须做到( ),便于理解。

     A. 全面完整   B. 真实可靠

     C. 相关可比   D. 编报及时

8. 财务报告的内容包括( )。

     A. 财务会计报表   B. 会计报表附注

     C. 会计报表说明书   D. 财务情况说明书

9. 财务会计报告可以提供企业( )信息。

     A. 财务状况   B. 经营成果

     C. 劳动生产率   D. 现金流量

10. 下列属于会计报表的是( )。

     A. 资产负债表   B. 利润表

     C. 现金流量表   D. 会计报表附注

11. 会计报表的编制要求包括( )。

     A. 真实可靠   B. 相关可比

C. 全面完整　　　　　　　　　D. 编报及时

12. 利润表中的"营业成本"项目填列的依据有(　　)。
　　A. "营业外支出"发生额　　　　B. "主营业务成本"发生额
　　C. "其他业务成本"发生额　　　D. "营业税金及附加"发生额

13. 以下项目中,会影响营业利润计算的有(　　)。
　　A. 营业外收入　　　　　　　　B. 营业税金及附加
　　C. 营业成本　　　　　　　　　D. 销售费用

14. 编制资产负债表时,需根据有关总账科目期末余额分析、计算填列的项目有(　　)。
　　A. 货币资金　　　　　　　　　B. 预付款项
　　C. 存货　　　　　　　　　　　D. 短期借款

15. 利润表的特点有(　　)。
　　A. 根据相关账户的本期发生额编制
　　B. 根据相关账户的期末余额编制
　　C. 属于静态报表
　　D. 属于动态报表

16. 以下对会计分期说法正确的是(　　)。
　　A. 会计分期是对会计主体活动的时间范围上的限定
　　B. 会计期间分为年度、半年度、季度和月度
　　C. 会计年度．半年度、季度、月度均按公历起讫日期确定
　　D. 会计分期是对会计主体活动的空间范围上的限定

17. 会计假设是(　　)。
　　A. 会计主体　　　　　　　　　B. 持续经营
　　C. 会计分期　　　　　　　　　D. 货币计量

18. 下列资产负债表项目中,不能根据总分类账户余额直接填列的有(　　)。
　　A. 应付票据　　　　　　　　　B. 货币资金
　　C. 存货　　　　　　　　　　　D. 应收账款

19. 编制资产负债表时,需根据有关总账账户期末余额分析、计算填列的项目有(　　)。
　　A. 货币资金　　　　　　　　　B. 应付账款
　　C. 存货　　　　　　　　　　　D. 短期借款

三、不定项选择题(下列各题,有一个或一个以上符合题意的正确答案。请将选定答案的编号,用英文大写字母填入括号内)

1. 资产负债表中,可以根据总账科目余额直接填列的项目是(　　)。
　　A. 交易性金融资产　　　　　　B. 预收账款
　　C. 预付账款　　　　　　　　　D. 其他应收款

2. 资产负债表的"期末数"栏的资料来源包括(　　)。
　　A. 根据总账科目余额填列
　　B. 根据明细科目余额计算填列
　　C. 根据有关科目余额减去其备抵科目余额后的净额填列
　　D. 根据几个总账科目余额合计填列

3. 利润表中的"营业收入"项目应根据(　　　)科目的本期发生额计算填列。

　　A. 主营业务收入　　　　　　B. 营业外收入

　　C. 投资收益　　　　　　　　D. 其他业务收入

4. 不属于会计计量属性的有(　　　)

　　A. 生产成本　　　　　　　　B. 重置成本

　　C. 销售成本　　　　　　　　D. 公允价值

5. 在资产负债表左边列示的有(　　　)

　　A. 长期待摊费用　　　　　　B. 预付账款

　　C. 应收账款　　　　　　　　D. 预收账款

6. 资产负债表中的"预付账款"项目,应根据(　　　)之和填列。

　　A. "预付账款"明细科目的借方余额

　　B. "预付账款"明细科目的贷方余额

　　C. "应付账款"明细科目的贷方余额

　　D. "应付账款"明细科目的借方余额

7. 资产负债表中"应收账款"项目应根据(　　　)之和减去"坏账准备"账户有关应收账款计提的坏账准备期末余额填列。

　　A. 长期待摊费用　　　　　　B. 预付账款

　　C. 应收账款　　　　　　　　D. 预收账款

8. 下列项目中,在资产负债表右边列示的有(　　　)。

　　A. 非流动资产　　　　　　　B. 非流动负债

　　C. 流动负债　　　　　　　　D. 所有者权益

四、判断题(请在每小题后面的括号内填入判断结果,正确的用"√"表示,错误的用"×"表示)

1. 财务会计报告的使用者通常包括投资者、债权人、政府及相关机构、业管理人员、职工和社会公众等。　　　　　　　　　　　　　　　　　　　　　　(　　　)

2. 我国《小企业会计制度》规定,小企业的财务会计报告必须包括现金流量表。　(　　　)

3. 按照我国企业会计准则的规定,我国企业的利润表采用单步式。　　　　　　(　　　)

4. 谨慎性要求,凡是不属于当期的收入和费用,即使款项已在当期收付,也不应当作为当期的收入和费用。　　　　　　　　　　　　　　　　　　　　　　(　　　)

5. 资产负债表是反映企业某一时期财务状况的报告。　　　　　　　　　　　　(　　　)

6. 小企业的年度财务会计报告包括资产负债表、利润表和会计报表附注。　　　(　　　)

7. 利润表中的利润总额是由营业利润和营业外收支净额组成。　　　　　　　　(　　　)

8. 资产负债表、利润表和现金流量表属于向企业外部提供会计信息的报表。　　(　　　)

9. 财务会计报告企业可以根据需要不定期的编制。　　　　　　　　　　　　　(　　　)

10. 由于财务会计报告是对外报告,所以其提供的信息对企业的管理者和职工没用。(　　　)

11. 小企业年度财务会计报告可以不编制会计报表附注。　　　　　　　　　　　(　　　)

12. 按照我国企业会计准则的规定,我国企业的利润表采用单步式。　　　　　　(　　　)

13. 资产负债表中的"应收账款"项目,应根据"应收账款"账户和"预收账款"账户所属明细账户的期末借方余额合计数,减去"坏账准备"账户期末余额后的金额填列。(　　　)

14. 在现金流量表中,企业应分别经营活动、投资活动和筹资活动列报其现金流量。

(　　)

15. 营业利润减去管理费用、销售费用、财务费用和所得税后是净利润。　(　　)

16. 利润表中的各项目应根据有关损益类账户本期发生额或余额分析计算填列。(　　)

17. 会计报表按其反映的内容不同,可以分为动态会计报表和静态会计报表,资产负债表是反映在某一时期企业财务状况的会计报表。

(　　)

五、综合题

1. 根据已给相关资料,填完整资产负债表中缺少项金额。

南京俊达电子设备有限公司 2009 年年末总资产项目比年初总资产多了 90000 元,年末流动资产是年末流动负债的 5 倍。2009 年 12 月 31 日的资产负债表(部分)如下:

资产负债表(简表)

编制单位:南京俊达电子设备有限公司　2009 年 12 月 31 日　　　　　　　　　单位:元

资产	期末余额	年初余额	负债及所有者权益	期末余额	年初余额
流动资产:			流动负债:		
货币资金	22500	27500	短期借款	11000	4500
应收账款	(　)	57500	应付账款	(　)	23000
预付账款	34000	27000	应交税费	17800	(　)
存货	72000	(　)	流动负债合计	56800	(　)
流动资产合计	(　)	(　)	非流动负债:		
非流动资产:			长期借款	245000	160000
固定资产	(　)	328000	所有者权益:		
			实收资本	231000	231000
			盈余公积	(　)	64000
			所有者权益合计	(　)	(　)
资产总计			负债及所有者权益总计	(　)	510000

2. 根据企业相关业务资料,计算资产负债表中各项目的金额。

南京俊达电子设备有限公司 2009 年 12 月 31 日部分总分类账户及明细分类账户的期末余额如下:

总分类账户余额

单位:元

总分类账户	借方余额	贷方余额
库存现金	3000	
银行存款	11500	
应收账款	5000	
预付账款	7500	
材料采购	4650	
原材料	18950	
库存商品	9700	
生产成本	22600	
应付职工薪酬	5000	
利润分配		18600
预收账款		7500
短期借款		65000
应付账款		7000
长期借款		450000

有关明细账户余额   单位:元

账户	借或贷	金额	账户	借或贷	借或贷
应收账款	借	5000	应付账款	贷	7000
——A公司	借	6000	——甲公司	贷	7600
——B公司	贷	1000	——乙公司	借	600
预收账款	贷	7500	预付账款	借	7500
——C公司	贷	8000	——丙公司	借	8000
——D公司	借	500	——丁公司	贷	500

要求:根据上述资料计算资产负债表中下列项目的金额。

（1）货币资金 =

（2）应收账款 =

（3）预付账款 =

（4）预收账款 =

（5）应付账款 =

（6）短期借款 =

（7）长期借款 =

（8）存货 =

（9）应付职工薪酬 =

（10）未分配利润 =

3. 根据企业损益类账户发生额,编制利润表。

南京俊达电子设备有限公司 2009 年 12 月损益类账户资料如下:

损益类账户发生额

账户名称	本期发生额	
	借方	贷方
主营业务收入		210000
其他业务收入		10000
营业外收入		4500
主营业务成本		110000
其他业务成本		5000
营业税金及附加	10000	
销售费用	1230	
管理费用	2000	
财务费用	1000	
营业外支出	3300	
所得税费用	22992.5	

要求:编制南京俊达电子设备有限公司 2009 年 12 月利润表。

利润表

编制单位：　　　　　　　　　　　　　　年　月　　　　　　　　　　　　单位：元

项　　目	行次	本期金额	上期金额
一、营业收入			
减：营业成本			
营业税金及附加			
销售费用			
管理费用			
财务费用（收益以"一"号填列）			
资产减值损失			
加：公允价值变动净收益（净损失以"一"号填列）			
投资净收益（净损失以"一"号填列）			
二、营业利润（亏损以"一"号填列）			
加：营业外收入			
减：营业外支出			
其中：非流动资产处置净损失（净收益以"一"号填列）			
三、利润总额（亏损总额以"一"号填列）			
减：所得税			
四、净利润（净亏损以"一"号填列）			

参 考 答 案

项目一 会计职业认知与职业环境

一、单项选择题

1	2	3	4	5
B	A	D	A	C

二、多项选择题

1	2	3	4	5	6
ABCD	ABC	ABCD	ABCD	ABCD	AB

三、判断题

1	2	3	4	5	6	7	8	9	10
√	×	×	×	√	√	×	√	×	√

四、综合题（略）

项目二 记账方法之入门——借贷记账法

一、单项选择题

1	2	3	4	5	6	7	8	9	10
D	C	B	C	A	C	B	B	C	B
11	12	13	14	15	16	17	18	19	20
B	A	A	B	B	A	B	D	D	C
21	22	23	24	25	26	27	28	29	30
A	A	D	B	D	C	D	D	B	B
31	32	33	34	35	36	37	38	39	40
C	C	B	B	A	A	A	B	C	D
41	42	43	44	45	46	47	48	49	50
C	D	B	B	B	B	C	B	A	D
51	52	53	54	55	56	57	58	59	60
C	B	D	A	B	A	D	C	B	C
61	62	63	64	65					
B	C	A	B	C					

二、多项选择题

1	2	3	4	5	6	7	8	9	10
AD	ABD	ABCD	ABC	AC	BC	BD	AB	ABCD	CD
11	12	13	14	15	16	17	18	19	20
ABD	BCD	BCD	ABCD	ABD	ABCD	ABC	ABC	ACD	AB
21	22	23	24	25	26	27	28	29	30
AB	ABC	AD	BC	ABD	ACD	ACD	CD	CD	ABD
31	32	33	34	35	36	37	38	39	40
ABC	BCD	ABCD	BCD	ABCD	CD	AB	CD	ABD	AD
41	42	43	44	45	46	47	48	49	50
ACD	BCD	ABCD	ABCD	ABD	BD	ABC	AC	AB	CD

三、判断题

1	2	3	4	5	6	7	8	9	10
×	√	×	×	×	×	×	√	√	√
11	12	13	14	15	16	17	18	19	20
×	×	√	×	√	×	√	×	×	√
21	22	23	24	25	26	27	28	29	30
×	×	×	×	√	×	√	×	×	×
31	32	33	34	35	36	37	38	39	40
×	×	×	×	√	×	×	√	×	√

四、综合题

1.

项　目	资产	负债	所有者权益
① 库存现金 452 元	452		
② 银行存款结存余额 80750 元	80750		
③ 投资者投入资本 800000 元			800000
④ 向银行借入的借款 356000 元		356000	
⑤ 库存原材料 22058 元	22058		
⑥ 应付购货款 192600 元		192600	
⑦ 机器设备 42340 元	42340		
⑧ 应收销货款 15000 元	15000		
⑨ 厂房价值 1160000 元	1160000		
⑩ 库存商品 28000 元	28000		
合　　计	1348600	548600	800000

2.

经济业务	资产	负债	所有者权益
①	↑ ↓		
②	↑		↑
③	↑	↑	
④	↑ ↓		
⑤	↓	↓	
⑥	↑ ↓		
⑦	↓		
⑧	↑	↑	
⑨	↑	↑	
⑩	↑ ↓		

3.

业务事项	左　边		右　边				
	资产	小计	负债	所有者权益	收入	费用	小计
起点 11 月 31 日	282500		132500	150000			282500
①	+30000	312500		+30000			312500
②	+58500	371000	+58500				371000
③	−40000	331000	−40000				331000
④	±5000	331000					331000
⑤		331000	±50500				331000
⑥		331000	+20000	−20000			331000
⑦	+80000	411000			+80000		411000
⑧		411000	+2000			+2000	411000
⑨		411000		±10000			411000
⑩		411000	−42000	+42000			411000
⑪	−450	410550				+450	410550
⑫	−50000	360550				+50000	360550
⑬		360550		+27550	−80000	−52450	360550

4.

项　目	会计要素	对应的会计科目
① 出纳保管的现金	资产	库存现金
② 尚未支付的货款	负债	应付账款
③ 收到的购货单位用以支付货款的票据	资产	应收票据
④ 投资者投入的资本	所有者权益	实收资本
⑤ 根据合同预收的货款	负债	预收账款
⑥ 购入并已验收入库的原材料	资产	原材料
⑦ 尚在运输途中的购入材料	资产	在途物资
⑧ 正在加工中的未完工产品	资产	生产成本
⑨ 生产完工已验收入库的产成品	资产	库存商品
⑩ 向银行借入为期3个月的借款	负债	短期借款
⑪ 存在开户银行的存款	资产	银行存款
⑫ 应缴未缴的税金	负债	应交税费
⑬ 应支付给投资者的股利	负债	应付股利
⑭ 购货单位欠本公司的货款	资产	应收账款
⑮ 本月实现的利润	所有者权益	本年利润
⑯ 出借包装物收取的押金	负债	其他应付款
⑰ 使用中的生产设备	资产	固定资产
⑱ 正在修理中的机床	资产	固定资产
⑲ 用于生产的厂房	资产	固定资产
⑳ 公司行政管理用办公家具	资产	固定资产
㉑ 买入的股票、债券等有价证券	资产	交易性金融资产
㉒ 根据合同预付的货款	资产	预付账款
㉓ 本月发生的招待费	费用	管理费用
㉔ 租入包装物支付的押金	资产	其他应收款
㉕ 利润分配中提取的用于生产发展的盈余公积金	所有者权益	盈余公积

5.

（1）

账户名称	期初余额	本期发生额		借或贷	期末余额
		借方	贷方		
银行存款	3000	1800	2000	借	2800
原材料	900	5400	2300	借	4000
应收账款	8600	2800	3400	借	8000
预付账款	8000	4000	3000	借	9000
应付票据	8900	6300	3500	贷	6100
应交税费	-1800	1200	5000	贷	2000
生产成本	1000	4800	3700	借	2100
实收资本	100000	2000	50000	贷	148000
资本公积	0	0	5000	贷	5000

（2）

借方	库存现金	贷方
期初余额 2200		
发生额 500	发生额	280
期末余额 2420		

借方	库存商品	贷方
期初余额 50000		
发生额 8000	发生额	23000
期末余额 35000		

借方	应付职工薪酬	贷方
	期初余额	8600
发生额 13600	发生额	5000
	期末余额	0

借方	实收资本	贷方
	期初余额	275000
发生额 0	发生额	50000
	期末余额	325000

6.

（1）

借方	库存现金	贷方
期初余额 1000		
（1） 2000	（8）	500
	（10）	2000
发生额 2000	发生额	2500
期末余额 500		

借方	原材料	贷方
期初余额 30000		
（9） 30000		
（11） 10000		
发生额 40000	发生额 ——	
期末余额 7000		

借方	应收账款	贷方
期初余额 120000		
	（6）	100000
发生额 ——	发生额	100000
期末余额 20000		

借方	管理费用	贷方
期初余额 ——		
（8） 500		
发生额 500	发生额 ——	
期末余额 500		

借方	短期借款	贷方
	期初余额	100000
（5） 100000	（3）	150000
发生额 100000	发生额	150000
	期末余额	150000

借方	应付账款	贷方
	期初余额	200000
（12） 150000	（11）	4000
发生额 150000	发生额	4000
	期末余额	54000

借方	应交税费	贷方
	期初余额	51000
（4） 30000		
发生额 30000	发生额 ——	
	期末余额	21000

借方	实收资本	贷方
	期初余额	1000000
	（7）	200000
发生额 ——	发生额	200000
	期末余额	1200000

借方	银行存款		贷方
期初余额 250000			
(3)	150000	(1)	2000
(6)	100000	(2)	150000
(10)	2000	(4)	30000
		(5)	100000
		(9)	30000
		(11)	6000
		(12)	150000
发生额 252000		发生额	468000
期末余额 34000			

借方	固定资产	贷方
期初余额 950000		
(2)	150000	
(7)	200000	
发生额 350000	发生额	——
期末余额 1300000		

（2）

会计分录：

① 借：库存现金　2000
　　贷：银行存款　2000
② 借：固定资产　150000
　　贷：银行存款　150000
③ 借：银行存款　150000
　　贷：短期借款　150000
④ 借：应交税费　30000
　　贷：银行存款　30000
⑤ 借：短期借款　100000
　　贷：银行存款　100000
⑥ 借：银行存款　100000
　　贷：应收账款　100000
⑦ 借：固定资产　200000
　　贷：实收资本　200000
⑧ 借：管理费用　500
　　贷：库存现金　500
⑨ 借：原材料　30000
　　贷：银行存款　30000
⑩ 借：银行存款　2000
　　贷：库存现金　2000
⑪ 借：原材料　10000
　　贷：银行存款　6000
　　　　应付账款　4000
⑫ 借：应付账款　150000
　　贷：银行存款　150000

（3）

总分类账户发生额及余额试算平衡表
2009 年 12 月

会计科目	期初余额		本期发生额		期末余额	
	借方	贷方	借方	贷方	借方	贷方
库存现金	1000		2000	2500	500	
银行存款	250000		252000	468000	34000	
应收账款	120000			100000	20000	
原材料	30000		40000		70000	
固定资产	950000		350000		1300000	
管理费用			500		500	
短期借款		100000	100000	150000		150000
应付账款		200000	150000	4000		54000
应交税费		51000	30000			21000
实收资本		1000000		200000		1200000
合　计	1351000	1351000	924500	924500	1425000	1425000

7.

（1）

借方	原材料		贷方
期初余额	263600		
①	335000	⑤	248000
③	126000	⑦	234000
⑧	168000	⑨	189000
发生额	629000	发生额	671000
期末余额	221600		

借方	原材料——甲材料		贷方
期初余额	224000		
①	245000	⑤	77000
⑧	168000	⑦	198000
		⑨	189000
发生额	413000	发生额	464000
期末余额	173000		

借方	原材料——乙材料		贷方
期初余额	39600		
①	90000	⑤	171000
③	126000	⑦	36000
发生额	216000	发生额	207000
期末余额	48600		

借方	应付账款		贷方
		期初余额	160000
②	90000	①	335000
④	70000	③	126000
⑥	461000	⑧	168000
发生额	621000	发生额	629000
		期末余额	168000

借方	应付账款——红星工厂		贷方
		期初余额	90000
②	90000	①	335000
⑥	335000		
发生额	425000	发生额	335000
		期末余额	0

借方	应付账款——红光工厂		贷方
		期初余额	70000
④	70000	③	126000
⑥	126000	⑧	168000
发生额	196000	发生额	294000
		期末余额	168000

（2）

会计分录簿

序号	业务描述	会计分录
1	购料	借：原材料——甲材料　　　　245000 　　　　　——乙材料　　　　90000 　贷：应付账款——红星工厂　335000
2	支付货款	借：应付账款——红星工厂　90000 　贷：银行存款　　　　　　90000
3	购乙材料	借：原材料——乙材料　　　126000 　贷：应付账款——红光工厂　126000
4	支付货款	借：应付账款——红光工厂　70000 　贷：银行存款　　　　　　70000
5	生产领料	借：生产成本　　　　　　248000 　贷：原材料——甲材料　　77000 　　　　　——乙材料　　171000
6	支付货款	借：应付账款——红星工厂　335000 　　　　　——红光工厂　126000 　贷：银行存款　　　　　　461000
7	生产领料	借：生产成本　　　　　　234000 　贷：原材料——甲材料　　198000 　　　　　——乙材料　　36000
8	购甲材料	借：原材料——甲材料　　　168000 　贷：应付账款——红光工厂　168000
9	生产领料	借：生产成本　　　　　　18900 　贷：原材料——甲材料　　18900

(3)

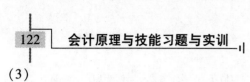

总账与所属明细账平行登记表　　　　　　　单位:元

总账账户	明细账户	期初余额	借方发生额	贷方发生额	期末余额
原材料	甲材料	224000	413000	464000	173000
	乙材料	39600	216000	207000	48600
	合　计	263600	629000	671000	221600
应付账款	红星工厂	90000	425000	335000	0
	红光工厂	70000	196000	294000	168000
	合　计	160000	621000	629000	168000

项目三 记账方法之应用——以制造业基本经济业务为例

一、单选选择题

1	2	3	4	5	6	7	8	9	10
B	D	A	B	C	C	B	B	B	A
11	12	13	14	15	16	17	18	19	20
D	B	C	B	C	A	B	C	B	C
21	22	23	24	25	26	27	28	29	30
B	B	B	B	B	D	D	A	B	B
31	32	33	34	35	36	37	38	39	40
B	A	C	C	B	B	D	C	C	C
41	42	43	44	45	46	47	48	49	50
C	D	B	C	B	B	B	D	A	A
51	52	53	54	55	56	57	58		
D	C	C	A	A	B	A	A		

二、多项选择题

1	2	3	4	5	6	7	8	9	10
BCD	AD	ABD	ACD	ACD	BCD	ABCD	ACD	ABCD	ACD
11	12	13	14	15	16	17	18	19	20
BCD	CD	CD	ABC	ABC	AB	ABC	ABD	ABD	AB
21	22	23	24	25	26	27	28	29	30
BC	ABCD	AC	BC	ABD	ACD	ABD	ABC	ACD	BD
31	32	33	34	35	36	37	38	39	40
ABD	BC	ABCD	ABC	AC	ACD	AC	ABD	AD	ACD
41	42	43	44	45					
BCD	ABCD	ABDE	AB	BC					

三、判断题

1	2	3	4	5	6	7	8	9	10
×	√	×	×	√	×	×	×	√	×
11	12	13	14	15	16	17	18	19	20
×	√	√	√	×	×	√	√	√	×
21	22	23	24						
×	×	√	×						

四、综合题

1.

业务号	权责发生制		收付实现制	
	收入	费用	收入	费用
①	60000		40000	
②		8000		48000
③		2000		0
④	0		9000	
⑤	0		20000	
⑥		6000		0
合　计	60000	16000	69000	48000

2.

经济业务	权责发生制		收付实现制	
	收入	费用	收入	费用
①		4500/3 = 1500		4500
②		0		450
③	1200		1200	
④	0		1350	
⑤	750		0	
⑥	1800		0	
⑦		900		900
⑧		420		0
⑨	0		500	
合　计	3750	2820	3050	5850
利润总额	930		−2800	

3. 编制会计分录簿，其他略。

会计分录簿

序号	业务描述	会计分录
1	收到投资款	借：银行存款　　　　　　　　350000 　　贷：实收资本　　　　　　　　350000
2	购入设备	借：固定资产　　　　　　　　200000 　　　应交税费——应交增值税　34000 　　贷：银行存款　　　　　　　　234000
3	购入材料，未付款	借：原材料　　　　　　　　　170000 　　贷：应付账款　　　　　　　　170000

（续）

序号	业务描述	会计分录	
4	提现备用	借：库存现金 　贷：银行存款	5000 5000
5	李力预借差旅费	借：其他应收款 　贷：库存现金	900 900
6	销售产品，未收款	借：应收账款 　贷：主营业务收入 　　　应交税费——应交增值税（销项税）	195500 150000 25500
7	支付办公费	借：管理费用 　贷：银行存款	7600 7600
8	支付广告费	借：销售费用 　贷：银行存款	20000 20000
9	收到货款	借：银行存款 　贷：应收账款	150000 150000
10	存现	借：银行存款 　贷：库存现金	5000 5000

4.

会计分录簿

序号	业务描述	会计分录	
1	收到投入资本	借：银行存款 　贷：实收资本	350000 350000
2	收到设备投资	借：固定资产 　贷：实收资本	300000 300000
3	借入短期借款	借：银行存款 　贷：短期借款	100000 100000
4	归还借款	借：短期借款 　贷：银行存款	100000 100000

5.

（1）

会计分录簿

序号	业务描述	会计分录	
1	购入材料	借：在途物资——甲材料 　　　　　　　——乙材料 　　　应交税费——应交增值税（进项税） 　贷：银行存款	27500 25080 8938.6 61518.6
2	支付运费	借：在途物资——甲材料 　　　　　　　——乙材料 　贷：银行存款	750 900 1650

（续）

序号	业务描述	会计分录	
3	材料入库	借：原材料——甲材料 　　　　——乙材料 　贷：在途物资——甲材料 　　　　——乙材料	28250 25980 28250 25980
4	购入丙材料，未付款	借：在途物资——丙材料 　　应交税费——应交增值税（进项税） 　贷：应付账款	29100 4794 33894
5	丙材料入库	借：原材料——丙材料 　贷：在途物资——丙材料	29100 29100
6	支付货款及运杂费	借：应付账款 　贷：银行存款	33840 33840
7	支付前欠货款	借：应付账款 　贷：银行存款	64000 64000

（2）

运输费分配表

金额单位：元

分配对象	分配标准	分配率	分摊额
甲材料	材料重量	0.15	750
乙材料			900
合　计			1650

　　　　会计　　　　　　　　复核　　　　　　　制表

（3）

材料采购成本计算单

金额单位：元

购入材料品种	买价	应承担的运杂费	采购成本
甲材料	27500	750	28250
乙材料	25080	900	25980
合　计	52580	1650	54230

　　　　会计　　　　　　　　复核　　　　　　　制表

6.

（1）

会计分录簿

序号	业务描述	会计分录	
1	领用材料	借：生产成本——A产品 　　　　——B产品 　　制造费用 　　管理费用 　贷：原材料——甲材料	11020 5510 826.5 1928.5 19285

（续）

序号	业 务 描 述	会 计 分 录
2	支付下季度报刊费	借：管理费用　　　　　　　　11500 　贷：银行存款　　　　　　　　11500
3	提现备发工资	借：库存现金　　　　　　　1150000 　贷：银行存款　　　　　　　1150000
4	发放工资	借：应付职工薪酬　　　　　1150000 　贷：库存现金　　　　　　　1150000
5	分配（计提、结算）工资	借：生产成本——A产品　　　140000 　　　　——B产品　　　160000 　　制造费用　　　　　　　　120000 　　管理费用　　　　　　　　130000 　贷：应付职工薪酬　　　　　1150000
6	计提折旧	借：制造费用　　　　　　　　120000 　　管理费用　　　　　　　　110000 　贷：累计折旧　　　　　　　　130000
7	分配水电费	借：制造费用　　　　　　　　11000 　　管理费用　　　　　　　　1700 　贷：应付账款　　　　　　　　11700
8	分配制造费用	借：生产成本——A产品　　116730.6 　　　　——B产品　　125095.9 　贷：制造费用　　　　　　　141826.5
9	结转完工A产品成本	借：库存商品——A产品　　180750.6 　贷：生产成本——A产品　　180750.6
10	计提利息	借：财务费用　　　　　　　　1500 　贷：应付利息　　　　　　　　1500

（2）

制造费用分配表
2009 年 4 月 30 日

金额单位:元

分配对象	分配标准	分配率	分摊额
A产品	生产工人工资比例	0.4	16730.6
B产品			25095.9
合　　计			41826.5

会计　　　　　　　　复核　　　　　　　　制表

（注:因分配率计算误差,B产品应分摊的制造费用倒推计算,即 41826.5 − 16800 = 25026.5）

（3）

产品成本计算表

产品名称：A产品　　　　　　　2009 年 4 月 30 日

成本项目	期初在产品成本	本月发生费用	生产费用合　计	完工产品成本	单位成本	期末在产品成本
直接材料	5000	11020	16020	16020	—	0
直接人工	3200	40000	43200	43200	—	0
制造费用	4800	16730.6	21530.6	21530.6	—	0
合　计	13000	67750.6	80750.6	80750.6	—	0

　　　　　会计　　　　　　　　复核　　　　　　　　制表

7.

（1）

会计分录簿

序号	业务描述	会计分录
1	销售 A 产品	借：银行存款　　　　　　　　　　1140400 　贷：主营业务收入　　　　　　　1120000 　　　应交税费——应交增值税（销项税）120400
2	销售 A 产品，未收款	借：应收账款　　　　　　　　　　146800 　贷：主营业务收入　　　　　　　40000 　　　应交税费——应交增值税（销项税）6800
3	收到上述货款	借：银行存款　　　　　　　　　　46800 　贷：应收账款　　　　　　　　　46800
4	支付广告费	借：销售费用　　　　　　　　　　2800 　贷：银行存款　　　　　　　　　2800
5	支付运费	借：销售费用　　　　　　　　　　465 　　　应交税费——应交增值税（进项税）35 　贷：银行存款　　　　　　　　　500
6	缴纳上月税费	借：应交税费　　　　　　　　　　4932 　贷：银行存款　　　　　　　　　4932
7	计提本月城建税	借：营业税金及附加　　　　　　　286 　贷：应交税费——应交城建税　　286
8	结转销售成本	借：主营业务成本　　　　　　　　124800 　贷：库存商品　　　　　　　　　124800

（2）本月营业利润＝120000＋40000－124800－286－2800－465＝31649

8.

（1）

会计分录簿

序号	业 务 描 述	会 计 分 录
1	销售 C 产品	借：银行存款　　　　　　　234000 　贷：主营业务收入　　　　　200000 　　　应交税费——应交增值税（销项税）34000
2	销售剩余材料	借：银行存款　　　　　　　5265 　贷：其他业务收入　　　　　4500 　　　应交税费——应交增值税（销项税）　765
3	支付展览费	借：销售费用　　　　　　　500 　贷：库存现金　　　　　　　500
4	捐款	借：营业外支出　　　　　　50000 　贷：银行存款　　　　　　　50000
5	收到违约金	借：库存现金　　　　　　　800 　贷：营业外收入　　　　　　800
6	计提短期借款利息	借：财务费用　　　　　　　600 　贷：应付利息　　　　　　　600
7	计提本月城市维护建设税	借：营业税金及附加　　　　780 　贷：应交税费——应交城建税　780
8	结转产品转销售成本	借：主营业务成本　　　　　100000 　贷：库存商品　　　　　　　100000
9	结转材料转销售成本	借：其他业务成本　　　　　2755 　贷：原材料　　　　　　　　2755
10	结转损益类账户	借：主营业务收入　　　　　200000 　　　其他业务收入　　　　　4500 　　　营业外收入　　　　　　800 　贷：本年利润　　　　　　　205300 借：本年利润　　　　　　　154635 　贷：主营业务成本　　　　　100000 　　　其他业务成本　　　　　2755 　　　营业税金及附加　　　　780 　　　销售费用　　　　　　　500 　　　财务费用　　　　　　　600 　　　营业外支出　　　　　　50000 本月利润总额＝205300－154635＝50665

（续）

序号	业 务 描 述	会 计 分 录
11	计提所得税并结转	借：所得税费用　　　　　　　32666.25 　贷：应交税费——应交所得税　32666.25 借：本年利润　　　　　　　　32666.25 　贷：所得税费用　　　　　　　32666.25 　　全年利润=50665+80000=130665 　　净利润=130665−32666.25=97998.75
12	提取盈余公积	借：利润分配——提取盈余公积　9799.88 　贷：盈余公积　　　　　　　　9799.88
13	向投资者分配利润	借：利润分配——应付利润　　34299.56 　贷：应付利润　　　　　　　34299.56
14	结转本年利润及利润分配各明细	借：本年利润　　　　　　　　97998.75 　贷：利润分配——未分配利润　97998.75 借：利润分配——未分配利润　44099.44 　贷：利润分配——提取盈余公积　9799.88 　　利润分配——应付利润　　34299.56

（2）

$$营业利润 = 130665 + 50000 - 800 = 179865$$

$$利润总额 = 80000 + 205300 - 154635 = 130665$$

$$净利润 = 130665 \times 75\% = 97998.75$$

$$未分配利润 = 10000 + 97998.75 - 44099.44 = 63899.31$$

（3）登记"本年利润"总分类账户和"利润分配"明细类账户。

本年利润			
		期初余额	80000
(10)	154635	(10)	205300
(11)	32666.25		
(14)	97998.75		
发生额	285300	发生额	285300
		期末余额	0

利润分配——未分配利润			
		初余	10000
(14)	44099.44	(14)	97998.75
发生额	44099.44	发生额	97998.75
		期末余额	63899.31

利润分配——提取盈余公积			
		期初余额	0
(12)	9799.88	(14)	9799.88
发生额	9799.88	发生额	9799.88
		期末余额	0

利润分配——应付利润			
		期初余额	0
(13)	34299.56	(14)	34299.56
发生额	34299.56	发生额	34299.56
		期末余额	0

9.

(1)

会 计 分 录 簿

序号	业 务 描 述	会 计 分 录	
1	生产领料	借：生产成本——甲产品	32000
		——乙产品	18000
		贷：原材料——A 材料	50000
2	车间领料	借：制造费用	3000
		贷：原材料——B 材料	3000
3	提现备发工资	借：库存现金	24000
		贷：银行存款	24000
4	支付工资	借：应付职工薪酬	24000
		贷：库存现金	24000
5	购料,已付款	借：原材料——A 材料	27300
		应交税费——应交增值税（进项税）	4471
		贷：银行存款	31771
6	购料,未付款	借：在途物资——B 材料	40000
		应交税费——应交增值税（进项税）	6800
		贷：应付账款	46800
7	支付搬运费,材料入库	借：在途物资——B 材料	700
		贷：银行存款	700
		借：原材料——B 材料	40700
		贷：在途物资——B 材料	40700
8	收到货款	借：银行存款	4000
		贷：应收账款	4000
9	缴纳上月税费	借：应交税费	2300
		贷：银行存款	2300
10	分配工资	借：生产成本——甲产品	10000
		——乙产品	10000
		制造费用	3000
		管理费用	1000
		贷：应付职工薪酬	24000
11	计提折旧	借：制造费用	1800
		管理费用	800
		贷：累计折旧	2600
12	分配制造费用	借：生产成本——甲产品	3900
		——乙产品	3900
		贷：制造费用	7800

（续）

序号	业 务 描 述	会 计 分 录
13	结转完工甲产品成本	借：库存商品——甲产品 45900 　贷：生产成本——乙产品 45900
14	销售产品，并结转成本	借：银行存款 791388 　贷：主营业务收入 676400 　　应交税费——应交增值税（销项税） 114988 借：主营业务成本 404000 　贷：库存商品 404000
15	支付销售费用	借：销售费用 1000 　贷：库存现金 1000
16	预提利息	借：财务费用 4000 　贷：应付利息 4000
17	出售多余料，并结转成本	借：银行存款 4680 　贷：其他业务收入 4000 　　应交税费——应交增值税（销项税） 680 借：其他业务成本 2400 　贷：库存商品 2400
18	收到合同违约金	借：银行存款 1600 　贷：营业外收入 1600
19	计提本月城建税	借：营业税金及附加 2000 　贷：应交税费——应交城建税 2000
20	收到违约金	借：库存现金 300 　贷：营业外收入 300
21	结转损益类账户	借：主营业务收入 676400 　　其他业务收入 4000 　　营业外收入 1900 　贷：本年利润 682300 借：本年利润 415200 　贷：主营业务成本 404000 　　其他业务成本 2400 　　营业税金及附加 2000 　　销售费用 1000 　　财务费用 4000 　　管理费用 1800 本月利润总额 = 682300 - 415200 = 267100
22	计提所得税并结转	借：所得税费用 166775 　贷：应交税费——应交所得税 166775 借：本年利润 166775 　贷：所得税费用 166775 全年利润 = 400000 + 267100 = 667100 所得税 = 667100 × 25% = 166775 净利润 = 667100 - 166775 = 500325

（续）

序号	业 务 描 述	会 计 分 录
23	提取盈余公积	借：利润分配——提取盈余公积　　50032.5 　　贷：盈余公积　　50032.5
24	向投资者分配利润	借：利润分配——应付利润　　100065 　　贷：应付利润　　100065
25	结转本年利润及利润分配各明细	借：本年利润　　500325 　　贷：利润分配——未分配利润　　500325 借：利润分配——未分配利润　　150097.5 　　贷：利润分配——提取盈余公积　　50032.5 　　　利润分配——应付利润　　100065

（2）

$$12\text{ 月营业利润} = 267100 - 1900 = 265200$$

$$12\text{ 月利润总额} = 682300 - 415200 = 267100$$

$$\text{全年净利润} = (400000 + 267100) \times 75\% = 500325$$

$$\text{年末未分配利润} = 260000 + 500325 - 150097.5 = 610227.5$$

（3）

本年利润			利润分配——未分配利润		
	期初余额　400000			期初余额　260000	
(21)　415200	(21)　682300		(25)　150097.5	(25)　500325	
(22)　166775					
(25)　500325					
发生额　1082300	发生额　1082300		发生额　150097.5	发生额　500325	
	期末余额　0			期末余额　610227.5	

10.

（1）

收到 A 公司投资时的分录

借：固定资产　　　　　　　　　　　　　　　　3000000

　　贷：实收资本——A 公司　　　　　　　　　　3000000

收到 B 公司投资时的分录

借：固定资产　　　　　　　　　　　　　　　　2000000

　　无形资产　　　　　　　　　　　　　　　　1000000

　　贷：实收资本——B 公司　　　　　　　　　　3000000

或：

借：固定资产　　　　　　　　　　　　　　　　2000000

　　贷：实收资本——B　　　　　　　　　　　　2000000

借：无形资产　　　　　　　　　　　　　　　　1000000

      贷：实收资本——B   1000000

    收到 C 公司投资时的分录

    借：银行存款   3000000

      贷：实收资本——C 公司   3000000

（2）

    收到 D 公司投资时的分录

    借：银行存款   4000000

      贷：实收资本——D 公司   3000000

          资本公积——资本溢价   1000000

项目四　会计基本技能——会计凭证填制与审核

一、单选选择题

1	2	3	4	5	6	7	8	9	10
C	A	C	D	C	D	D	C	D	B
11	12	13	14	15	16	17	18	19	20
B	B	C	B	C	D	D	D	B	D
21	22	23	24	25	26	27	28	29	30
D	D	B	C	B	D	B	B	D	C
31	32	33	34	35	36	37	38	39	40
C	A	C	C	C	C	A	A	C	D
41	42	43	44						
C	A	D	C						

二、多项选择题

1	2	3	4	5	6	7	8	9	10
BC	ABC	ABC	ABD	AB	ABD	BD	AD	ABCD	ABC
11	12	13	14	15	16	17	18	19	20
ABC	BCD	ABD	ABCD	AC	ACD	CD	BCD	ACD	ABC
21	22	23	24	25	26	27	28	29	30
AD	ABD	ABD	BC	ABCD	BC	BCD	ABD	AC	ABCD
31	32	33							
ABCD	AC	ACD							

三、判断题

1	2	3	4	5	6	7	8	9	10
×	√	×	√	×	√	√	×	√	√
11	12	13	14	15	16	17	18	19	20
√	×	×	×	×	√	√	√	√	×
21	22	23	24	25	26	27	28	29	30
√	√	√	√	×	×	×	×	×	×
31	32	33	34	35	36	37	38	39	40
√	×	√	√	×	×	√	×	√	×
41	42								
√	√								

四、综合题

1.

（1）人民币叁佰肆拾伍元柒角捌分

（2）人民币陆万叁仟零柒元捌角整

（3）人民币肆仟捌百元整

（4）人民币叁仟零陆元零伍分

（5）¥30485.80

（6）¥164.00

2.

（1）

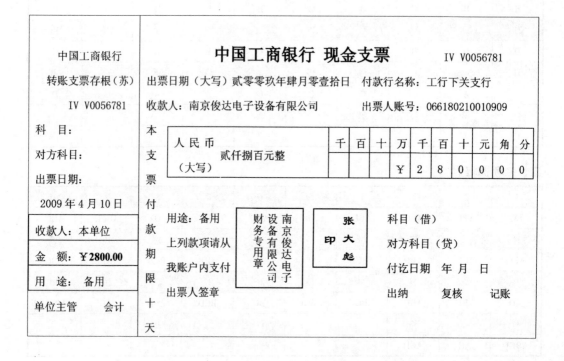

（2）

中国工商银行进账单　（回单或收账通知）

进账日期：2009 年 4 月 20 日　　　　　　　第 6870 号

收款人	全称	南京俊达电子设备有限公司	付款人	全称	南京长安汽车制造公司									
	账号	066180210010909		账号	066180210067909									
	开户银行	工行下关支行		开户银行	工行江宁支	千	百	十	万	千	百	十	元	角	分
人民币（大写）：壹拾壹万柒仟元整							¥	1	1	7	0	0	0	0	0
票据种类		支票												
票据张数		1												
主管　会计　复核　记账				收款人开户银行盖章										

附联为开户银行交给收款人的收账通知

3. 填制专用发票

3200043500

江苏增值税专用发票
记账联

№ 01090788

开票日期：2009 年 4 月 20 日

购货单位	名称：上海本田公司 纳税人识别号：203134134971421 地址、电话：上海南京路 70 号 021-87654356 开户行及账号：工行南京路支 055180210067567	密码区	1216/-9-3>1<6790<+1<5 8336<9>1/>6372/99-8+>　加密版本:01 /3680503>439238+506>4 32000043500 1+/364>+84916-+84>>9*　01090788

货物或应税劳务名称	规格型号	单位	数量	单价	金 额	税率	税 额
电子A型		台	50	8000.00	400 000.00	17%	68 000.00
合　计					￥400 000.00		￥68 000.00

价税合计（大写）	⊗ 肆拾陆万捌仟元整	（小写）￥468 000.00

销货单位	名称：南京俊达电子设备有限公司 纳税人识别号：320134134971420 地址、电话：南京下关区建宁路 4000 号 025-87654321 开户行及账号：工行下关支行 0661802100010909	备注

收款人：　　复核：　　开票人:李凡　　销货单位：

第三联：记账联　销货方记账凭证

4. 审核开票日期；大小写；开票人签章
5.
（1）

收 账 凭 证

借方科目：银行存款　　　　2009 年 4 月 2 日　　　　银收字第 1 号

摘　要	贷 方 科 目		金　额									√
	一级科目	明细科目	千	百	十	万	千	百	十	元	角	分	
收到大通公司货款	应收账款	大通公司			8	0	0	0	0	0	0		
附件 1 张	合　计			￥	8	0	0	0	0	0	0		

会计主管　　　记账　　　复核　　　制单 李萍　　　出纳

(2)

付　款　凭　证

贷方科目：银行存款　　　　　　　　　　2009 年 4 月 3 日　　　　　　　　　　银付字第 1 号

摘　　要	借方科目		金　额									√
	一级科目	明细科目	千	百	十	万	千	百	十	元	角	分
提现备用	库存现金						5	0	0	0	0	0
附件 1 张	合　计					￥	5	0	0	0	0	0

会计主管　　　　　记账　　　　　复核　　　　制单　李萍　　　　出纳

(3)

转　账　凭　证

2009 年 4 月 5 日　　　　　　　　　　转字第 1 号

摘　　要	会计科目		借方金额										贷方金额										√
	一级科目	明细科目	千	百	十	万	千	百	十	元	角	分	千	百	十	万	千	百	十	元	角	分
销售产品	应收账款	福鑫公司		1	1	7	0	0	0	0	0	0										
	主营业务收入													1	0	0	0	0	0	0	0	0
	应交税费	应交增值税													1	7	0	0	0	0	0	0
附件 1 张	合　计		￥	1	1	7	0	0	0	0	0	0	￥	1	1	7	0	0	0	0	0	0

会计主管　　　　　记账　　　　　　复核　　　　　制单　李萍

项目五　会计基本技能二——会计账簿登记

一、单选选择题

1	2	3	4	5	6	7	8	9	10
B	A	C	A	B	B	D	B	D	A
11	12	13	14	15	16	17	18	19	20
C	C	C	B	C	A	B	B	B	A
21	22	23	24	25	26	27	28	29	30
D	B	C	C	C	B	A	C	D	C
31	32	33	34	35	36	37	38	39	40
B	C	A	A	C	B	D	C	B	A
41	42	43	44	45	46	47	48	49	50
A	A	D	B	C	B	C	D	B	B
51	52	53	54						
C	D	A	A						

二、多项选择题

1	2	3	4	5	6	7	8	9	10
ABC	BCD	ABCD	ABD	AB	BC	ABCD	BCD	ABC	CD
11	12	13	14	15	16	17	18	19	20
BD	ABC	ABCD	BCD	AD	ACD	BC	BCD	ABCD	BC
21	22	23	24	25	26	27	28	29	30
CD	AB	ABC	ABD	BCD	BC	BD	AB	BD	ABCD
31	32	33	34	35	36	37	38	39	40
BCD	AB	BCD	ABC	BD	ACD	ABD	BC	ABCD	ABCD
41	42								
ABC	ACD								

三、判断题

1	2	3	4	5	6	7	8	9	10
√	√	√	×	×	×	×	√	√	×
11	12	13	14	15	16	17	18	19	20
×	√	√	×	√	×	×	×	√	√
21	22	23	24	25	26	27	28	29	30
×	×	×	×	√	√	√	×	√	√
31	32	33	34	35	36	37	38	39	40
√	×	×	×	√	√	×	√	√	√

四、不定向选择题

1	2	3	4	5	6	7	8	9	10
BCD	C	B	D	AC	C	AB	D	B	AC

五、综合题

1.

（1）

① 借：原材料　　　　　　　　　　　　　　　　50000
　　　应交税费——应交增值税（进项税额）　　8500
　　　贷：银行存款　　　　　　　　　　　　　58500

② 借：银行存款　　　　　　　　　　　　　　　2300
　　　贷：库存现金　　　　　　　　　　　　　2300

③ 借：银行存款　　　　　　　　　　　　　　　23400
　　　贷：主营业务收入　　　　　　　　　　　20000
　　　　　应交税费——应交增值税（销项税额）　3400

④ 借：应付账款　　　　　　　　　　　　　　　8000
　　　贷：银行存款　　　　　　　　　　　　　8000

⑤ 借：银行存款　　　　　　　　　　　　　　　35100
　　　贷：主营业务收入　　　　　　　　　　　30000
　　　　　应交税费——应交增值税（销项税额）　5100

（2）

银行存款日记账

2009 年		凭证		摘　要	对方科目	收入	支出	结余
月	日	种类	号数					
5	30			承前页		250000	170000	180500
	31	银付	40	购入甲材料	原材料、应交税费		58500	122000
		现付	14	零星销货款存现	库存现金	2300		124300
		银收	22	销售产品	主营业务收入等	23400		147700
				本日小计		25700	58500	147700
				本月合计		275700	228500	147700
6	1	银付	1	支付前欠货款	应付账款		80000	67700
	2	银收	1	销售产品	主营业务收入等	35100		102800
				过次页		35100	80000	102800

2.

银行存款日记账

2009 年		凭证		摘　　要	对方科目	收入	支出	结余
月	日	种类	号数					
6	29			承前页		90000	15000	80000
	30	银收	28	收到前欠货款	·应收账款	20000		100000
	30	银付	30	归还短期借款	短期借款		50000	50000
				本月合计		110000	65000	50000
7	1	银收	1	销售产品	主营业务收入	35100		85100
	2	银付	1	归还前欠货款	应付账款		10000	75100
				过次页		35100	10000	75100

3.

（1）

① 借：原材料——甲螺帽　　　　　　　　　　　　　1500
　　　应交税费——应交增值税（进项税额）　　　 255
　　　　贷：应付账款——铁东公司　　　　　　　　　　　1755
② 借：原材料——乙钢管　　　　　　　　　　　　　5600
　　　应交税费——应交增值税（进项税额）　　　 952
　　　　贷：应付账款——铁南公司　　　　　　　　　　　6552
③ 借：应付账款——铁东公司　　　　　　　　　　　1755
　　　　贷：银行存款　　　　　　　　　　　　　　　　　1755
④ 借：原材料——乙钢管　　　　　　　　　　　　　9500
　　　应交税费——应交增值税（进项税额）　　　1615
　　　　贷：应付账款——铁北公司　　　　　　　　　　　11115
⑤ 借：应付账款——铁北公司　　　　　　　　　　　10000
　　　　贷：银行存款　　　　　　　　　　　　　　　　　10000
⑥ 借：应付账款——铁南公司　　　　　　　　　　　6552
　　　　贷：应付票据——铁南公司　　　　　　　　　　　6552
⑦ 借：生产成本　　　　　　　　　　　　　　　　　4800
　　　　贷：原材料——甲螺帽　　　　　　　　　　　　　800
　　　　　　　　——乙钢管　　　　　　　　　　　　　　4000

（2）

应付账款总账

2009 年		凭证		摘　要	借方	贷方	借或贷	余额
月	日	种类	号数					
4	1			期初余额			贷	17000
4	3	转	3	购入甲螺帽		1755		
4	8	转	12	购入乙钢管		6552		
4	9	银付	9	支付铁东公司货款	1755			
4	15	转	24	购入乙钢管		11115		
4	18	银付	18	支付铁北公司货款	10000			
4	21	转	33	开出商业汇票支付铁南货款	6552			
				本月合计	18307	19422	贷	18115

应付账款明细账——铁东公司

2009 年		凭证		摘　要	借方	贷方	借或贷	余额
月	日	种类	号数					
4	1			期初余额			贷	5000
4	3	转	3	购入甲螺帽		1755	贷	6755
4	9	银付	9	支付铁东货款	1755		贷	5000
				本月合计	1755	1755	贷	5000

应付账款明细账——铁南公司

2009 年		凭证		摘　要	借方	贷方	借或贷	余额
月	日	种类	号数					
4	1			期初余额			贷	12000
4	8	转	12	购入乙钢管		6552	贷	18552
4	21	转	33	开出商业汇票支付铁南货款	6552		贷	12000
				本月合计	6552	6552	贷	12000

应付账款明细账——铁北公司

2009 年		凭证		摘　要	借方	贷方	借或贷	余额
月	日	种类	号数					
4	15	转	24	购入乙钢管		11115	贷	11115
4	18	银付	18	支付铁北公司货款	10000		贷	1115
				本月合计	10000	11115	贷	1115

原材料总账

2009 年		凭证		摘 要	借方	贷方	借或贷	余额
月	日	种类	号数					
4	1			期初余额			借	18000
4	3	转	3	购入甲螺帽	1500			
4	8	转	12	购入乙钢管	5600			
4	15	转	24	购入乙钢管	9500			
4	22	转	37	A产品生产领用		4800		
				本月合计	16600	4800	借	29800

原材料明细账——甲螺帽

类别：　　　　　　　　　　　　　编号：
品名规格：　　　　　　　　　　　存放地点：
储备定额：　　　　　　　　　　　计量单位:千克

2009 年		凭证		摘 要	收入			发出			结存		
月	日	种类	号数		数量	单价	金额	数量	单价	金额	数量	单价	金额
4	1			期初结存							500	8.00	4000
4	3	转	3	购入甲螺帽	187.5	8	1500				687.5	8.00	5500
4	22	转	37	A产品生产领用				100	8	800	587.5	8.00	4700
				本月合计	187.5		1500	100		800	587.5	8.00	4700

原材料明细账——乙钢管

类别：　　　　　　　　　　　　　编号：
品名规格：　　　　　　　　　　　存放地点：
储备定额：　　　　　　　　　　　计量单位:根

2009 年		凭证		摘 要	收入			发出			结存		
月	日	种类	号数		数量	单价	金额	数量	单价	金额	数量	单价	金额
4	1			期初结存							70	200	14000
4	8	转	12	购入	28	200	5600				98	200	19600
4	15	转	24	购入	50	190	9500				148	98/200 50/190	29100
4	22	转	37	A产品生产领用				20	200	4000	120	78/200 50/190	25100
				本月合计	78		15100	20		4000	120		25100

4.

（1）

会计分录簿

序号	业务描述	会计分录		
1	收到前欠货款	借：银行存款 　贷：应收帐款	25000 25000	
2	支付货款	借：应付账款 　贷：银行存款	50000 50000	
3	生产领料	借：生产资本 　贷：原材料	20000 20000	
4	借入短期借款	借：银行存款 　贷：短期借款	300000 300000	
5	购入材料，已付款	借：原材料 　贷：银行存款	120000 120000	
6	购入材料，未付款	借：原材料 　贷：应付账款	87000 87000	
7	销售产品，款未收	借：应收帐款 　贷：主营业务收入 　　　应交税费	11700 10000 1700	
8	销售产品，已收款	借：银行存款 　贷：主营业务收入 　　　应交税费	58500 50000 8500	
9	借入短期借款	借：银行存款 　贷：短期借款	200000 200000	
10	购入材料，已付款	借：原材料 　贷：银行存款	100000 100000	
11	支付货款	借：应付账款 　贷：银行存款	60000 60000	
12	结算本期工资	借：生产成本 　贷：应付职工薪酬	90000 90000	

（2）

科目汇总表

日期：2009 年 12 月 1 日至 2009 年 12 月 31 日

记账凭证起讫号数：自第　　号起至　　号止　　编号

会计科目	本期发生额		总账页数
	借方	贷方	
银行存款	583500	330000	
应收账款	11700	25000	
原材料	307000	20000	
短期借款		500000	
应付账款	110000	87000	
应交税费		10200	
应付职工薪酬		90000	
生产成本	110000		
主营业务收入		60000	
合　　计	1122200	1122200	

项目六　会计基本技能三——错账更正与财产清查

一、单选选择题

1	2	3	4	5	6	7	8	9	10
A	C	C	C	C	D	C	B	C	C
11	12	13	14	15	16	17	18	19	20
D	D	B	D	B	C	B	A	D	D
21	22	23	24	25	26	27	28	29	30
C	A	A	B	A	B	C	B	B	B
31	32	33	34	35	36	37	38	39	40
C	C	D	B	A	C	B	D	B	C
41	42	43	44	45	46	47	48	49	50
B	D	C	D	D	D	A	A	D	C

二、多项选择题

1	2	3	4	5	6	7	8	9	10
AD	CD	ABCD	BC	ABCD	BC	ABCD	ACD	BD	ABCD
11	12	13	14	15	16	17	18	19	20
AC	CD	AB	CD	ABD	BC	AB	CD	AC	ABCD

三、不定项选择题

1	2	3	4	5
D	ABCD	ABCD	ACD	B

四、判断题

1	2	3	4	5	6	7	8	9	10
√	×	×	√	√	×	×	×	×	√
11	12	13	14	15	16	17	18	19	20
×	×	×	×	×	×	√	√	√	×
21	22	23	24						
×	×	×	×						

五、综合题

1.

（1）存在的会计差错是:记账凭证正确,银行日记账金额方向错误,管理费用明细账金额错误。

（2）应采用的错账更正方法:划线更正法

（3）更正错账。凭证正确,账簿更正如下:

银行存款　日记账　　　　第 32 页

2009年		凭证号数	摘　要	借　方										贷　方										余　额									
月	日			千	百	十	万	千	百	十	元	角	分	千	百	十	万	千	百	十	元	角	分	千	百	十	万	千	百	十	元	角	分
8	10		承前页																							1	6	0	8	0	0	0
	12	银付18	付办公用品款					4	9	6	0	0							4	6	9	0	0			1	5	6	1	1	0	0
																										1	5	6	5	7	6	0	0

图 6-2　银行存款日记账

管理费用　明细账　　　　第 17 页

2009年		凭证号数	摘　要	办 公 费										其　他										合　计									
月	日			千	百	十	万	千	百	十	元	角	分	千	百	十	万	千	百	十	元	角	分	千	百	十	万	千	百	十	元	角	分
8	10		承前页																							2	1	6	0	8	0	8	0
	12	银付18	付办公用品款					4	6	9	0	0																	4	6	9	0	0
								4	9	6	0	0																	4	9	6	0	0

图 6-3　管理费用明细账

2.

（1）存在的会计差错是：记账凭证科目正确，金额多记。

（2）应采用的错账更正方法：红字更正法。

（3）更正错账。

转 账 凭 证

　　　　2009 年 8 月 31 日　　　　　　转字第 100 号

摘　要	会 计 科 目		借 方 金 额									贷 方 金 额									√
	一级科目	明细科目	千	百	十	万	千	百	十	元	角	分	千	百	十	万	千	百	十	元	角	分
更正转23号凭证	营业费用	广告费			4	5	0	0	0	0	0											
	应付账款	广告公司												4	5	0	0	0	0	0	
附件　张	合　计		¥	4	5	0	0	0	0	0			¥	4	5	0	0	0	0	0	

会计主管　赵一　　　记账　钱二　　　复核　张三　　　制单　李四　　　出纳　王五

图 6-4　转账凭证

销售费用 明细账

第4页

2009年		凭证号数	摘 要	广 告 费									其 他									合 计								
月	日			千	百	十	万	千	百	十	元	角	分	千	百	十	万	千	百	十	元	角	分	千	百	十	万	千	百	十	元	角	分
8	15		承前页																						8	6	7	5	0	0	0
	17	转23	发生广告费					5	0	0	0	0	0	0													5	0	0	0	0	0	0
	31	转100	更正23号凭证					4	5	0	0	0	0													4	5	0	0	0	0

图6-5 销售费用明细账

应付账款 明细账

第1页

2009年		凭证号数	摘 要	借 方										贷 方										借或贷	余 额								
月	日			千	百	十	万	千	百	十	元	角	分	千	百	十	万	千	百	十	元	角	分		千	百	十	万	千	百	十	元	角	分
8	17	转23	发生广告费															5	0	0	0	0	0	贷					5	0	0	0	0	0
	31	转100	更正23号凭证															4	5	0	0	0	0	贷					5	0	0	0	0

图6-6 应付账款明细账

3.

（1）存在的会计差错是：记账凭证科目正确，金额少计。

（2）应采用的错账更正方法：补充登记法。

（3）更正错账。

转 账 凭 证

2009 年 8 月 31 日　　　　　　　　　　　　　　　　　　　　转字第 100 号

摘　要	会 计 科 目		借 方 金 额	贷 方 金 额	√
	一级科目	明细科目	千 百 十 万 千 百 十 元 角 分	千 百 十 万 千 百 十 元 角 分	
更正转 57 号凭证	管理费用	差旅费	2 0 0		
	其他应收款	王平		2 0 0	
附件　张	合　　计		¥2 0 0	¥2 0 0	

会计主管　赵一　　　　记账　钱二　　　　复核　张三　　　　制单　李四　　　　出纳　王五

图 6-8　转账凭证

其他应收款　明细账

第 1 页

2009年		凭证号数	摘　要	借　方	贷　方	借或贷	余　额
月	日			千 百 十 万 千 百 十 元 角 分	千 百 十 万 千 百 十 元 角 分		千 百 十 万 千 百 十 元 角 分
8	20	现付16	王平预借差旅费	1 0 0 0 0 0		借	1 0 0 0 0 0
	25	现收5	王平报销退余款		2 1 4 6 0		
	25	转57	王平报销差旅费		7 8 3 4 0	借	2 0 0
	31	转100	更正转57号凭证		2 0 0	平	0

图 6-10　其他应收款明细账

管理费用　明细账

第 17 页

2009年		凭证号数	摘　要	差 旅 费	办 公 费	合 计
月	日			千 百 十 万 千 百 十 元 角 分	千 百 十 万 千 百 十 元 角 分	千 百 十 万 千 百 十 元 角 分
8	10		承前页			2 1 6 0 8 0 8 0
	12	银付18	付办公品款		4 9 6 0 0	4 9 6 0 0
	25	转57	王平报销差旅费	7 8 3 4 0		7 8 3 4 0
	31	转100	更正转57号凭证	2 0 0		2 0 0

图 6-11　管理费用明细账

4.

（1）存在的会计差错是：记账凭证科目错误。

（2）应采用的错账更正方法：红字更正法。

（3）更正错账。

转 账 凭 证

2009 年 8 月 31 日 　　　　　　　　　　　　　　　　　　转字第 100 号

摘　要	会 计 科 目		借 方 金 额										贷 方 金 额									√
	一级科目	明细科目	千	百	十	万	千	百	十	元	角	分	千	百	十	万	千	百	十	元	角	分
冲销转68号凭证	管理费用	工资				6	8	4	0	0	0	0										
		应付职工薪酬														6	8	4	0	0	0	0
附件　张	合　计					¥	6	8	4	0	0	0	0			¥	6	8	4	0	0	0	0

会计主管　赵一　　　　　记账　钱二　　　　复核　张三　　　制单　李四　　　　　出纳　王五

(a)

转 账 凭 证

2009 年 8 月 31 日 　　　　　　　　　　　　　　　　　　转字第 101 号

摘　要	会 计 科 目		借 方 金 额										贷 方 金 额									√
	一级科目	明细科目	千	百	十	万	千	百	十	元	角	分	千	百	十	万	千	百	十	元	角	分
更正转68号凭证	制造费用	工资				6	8	4	0	0	0	0										
		应付职工薪酬														6	8	4	0	0	0	0
附件　张	合　计					¥	6	8	4	0	0	0	0			¥	6	8	4	0	0	0	0

会计主管　赵一　　　　　记账　钱二　　　　复核　张三　　　　制单　李四　　　　出纳　王五

(b)

图 6 - 12　转账凭证

管 理 费 用　明 细 账

第 17 页

2009 年		凭证号数	摘　要	工　　　资									其　他									合　计									
月	日			千	百	十	万	千	百	十	元	角	分	千	百	十	万	千	百	十	元	角	分	千	百	十	万	千	百	十	元	角	分
8	22		承前页																							8	7	8	5	6	0	0	0
	31	转68	计提工资				6	8	4	0	0	0	0														6	8	4	0	0	0	0
	31	转100	冲销转68号凭证				6	8	4	0	0	0	0														6	8	4	0	0	0	0

(a)

制造费用　明细账

2009年		凭证号数	摘　要	工　资										其　他										合　计									
月	日			千	百	十	万	千	百	十	元	角	分	千	百	十	万	千	百	十	元	角	分	千	百	十	万	千	百	十	元	角	分
8	25		承前页																						1	0	0	0	0	0	0	0	0
	31	转101	更正68号凭证				6	8	4	0	0	0	0														6	8	4	0	0	0	0

图 6 – 13　明细账

应付职工薪酬　总　账

2009年		凭证号数	摘　要	借　方										贷　方										借或贷	余　额								
月	日			千	百	十	万	千	百	十	元	角	分	千	百	十	万	千	百	十	元	角	分		千	百	十	万	千	百	十	元	角	分
8	31	转68	王平预借差旅费															6	8	4	0	0	0	0	贷					6	8	4	0	0	0	0
	31	转100	王平报销退余款															6	8	4	0	0	0	0	平										
	31	转101	王平报销差旅费															6	8	4	0	0	0	0	贷					6	8	4	0	0	0	0

图 6 – 14　应付职工薪酬总账

5.

银行存款余额调节表

单位名称:南京俊达电子设备有限公司　　　　　　　　　　　　　　　　2009 年 9 月

日期	项　目	金额	日期	项　目	金额
	单位银行存款日记账余额	2037339		银行对账单余额	3204963
	加:银行已收而单位未收			加:单位已收而银行未收	
	1. 银行代企业收到一笔应收款,企业尚未收到入账通知	10000		1. 企业将销售收入的银行支票送开户行,银行尚未入账	100000
	减:银行已付而单位未付			减:单位已付而银行未付	
	1. 银行收取企业办理结算的手续费和电报费,企业尚未收到付款通知	1500 + 550		1. 企业因购买原材料,支付工资签发银行支票,银行尚未入账	1120219 + 139455
	调整后余额	2045289		调整后余额	2045289

6.

银行存款余额调节表

单位名称:南京俊达电子设备有限公司   *2009 年 6 月*

日期	项　目	金额	日期	项　目	金额
	单位银行存款日记账余额	30636		银行对账单余额	3204963
	加:银行已收而单位未收			加:单位已收而银行未收	
20	1.银行代收货款	2800	21	1.企业收到销货款,但银行尚未收到	6800
30	2.银行存款利息	282			
	减:银行已付而单位未付			减:单位已付而银行未付	
	1.银行代付水电费	540	27	1.企业开出支票购买办公用品	1200
			29	2.企业开出支票预付报刊费	600
	调整后余额	33178		调整后余额	33178

7.

(1) 对第⑤笔经济业务应采用划线更正法。更正时应将错误的数字用红线划掉,在其上方用蓝字写上正确的金额,并盖章。更正错账后银行存款日记账的余额为:27825 − 8700 + 7800 = 26925(元)

(2) 编制银行存款余额调节表如下:

银行存款余额调节表

单位名称:南京俊达电子设备有限公司   *2009 年 11 月*

日期	项　目	金额	日期	项　目	金额
	单位银行存款日记账余额	26925		银行对账单余额	25455
	加:银行已收而单位未收			加:单位已收而银行未收	
	1.银行代企业收取货款,企业尚未入账	4900		1.企业收入转账支票,尚未送交银行	10420
	减:银行已付而单位未付			减:单位已付而银行未付	
	1.银行代付水电费,企业尚未入账	3450		1.银行开出转账支票,银行尚未入账	7500
	调整后余额	28375		调整后余额	28375

项目七　会计基本技能四——会计报告编制

一、单选选择题

1	2	3	4	5	6	7	8	9	10
C	B	C	D	C	B	C	D	C	C
11	12	13	14	15	16	17	18	19	20
D	D	A	C	D	B	C	A	D	B
21	22	23	24	25	26	27	28	29	30
D	C	D	C	C	D	D	C	A	C

二、多项选择题

1	2	3	4	5	6	7	8	9	10
ABCD	BCD	BC	ABC	ABC	ABCD	ABCD	ABD	ABD	ABC
11	12	13	14	15	16	17	18	19	
ABCD	BC	BCD	AC	AD	ABC	ABCD	BCD	AC	

三、不定项选择题

1	2	3	4	5	6	7	8
A	ABCD	AD	AC	ABC	AD	CD	BCD

四、判断题

1	2	3	4	5	6	7	8	9	10
√	×	×	√	×	√	√	√	×	×
11	12	13	14	15	16	17			
×	×	√	√	×	×	×			

五、综合题

1.

资产负债表(简表)

编制单位:南京俊达电子设备有限公司　　　　2009 年 12 月 31 日　　　　　　　　　　单位:元

资产	期末余额	年初余额	负债及所有者权益	期末余额	年初余额
流动资产:			流动负债:		
货币资金	22500	27500	短期借款	11000	4500
应收账款	(155500)	57500	应付账款	(28000)	23000
预付账款	34000	27000	应交税费	17800	(27500)
存货	72000	(70000)	流动负债合计	56800	(55000)
流动资产合计	(284000)	(182000)	非流动负债:		
非流动资产:			长期借款	245000	160000

（续）

资产	期末余额	年初余额	负债及所有者权益	期末余额	年初余额
固定资产	（316000）	328000	所有者权益：		
			实收资本	231000	231000
			盈余公积	（67200）	64000
			所有者权益合计	（298200）	（295000）
资产总计	（600000）	（510000）	负债及所有者权益总计	（600000）	510000

2.

（1）货币资金 = 3000 + 11500 = 14500（元）

（2）应收账款 = 6000 + 500 = 6500（元）

（3）预付账款 = 8000 + 600 = 8600（元）

（4）预收账款 = 8000 + 1000 = 9000（元）

（5）应付账款 = 7600 + 500 = 8100（元）

（6）短期借款 = 65000（元）

（7）长期借款 = 450000（元）

（8）存货 = 18950 + 9700 + 22600 + 4650 = 55900（元）

（9）应付职工薪酬 = 5000（元）

（10）未分配利润 = 18600（元）

3.

利润表

编制单位:南京俊达电子设备有限公司　　　　　2009 年 9 月　　　　　单位:元

项　目	行次	本期金额	上期金额
一、营业收入		220000	
减:营业成本		115000	
营业税金及附加		10000	
销售费用		1230	
管理费用		2000	
财务费用(收益以"—"号填列)		1000	
资产减值损失			
加:公允价值变动净收益(净损失以"—"号填列)			
投资净收益(净损失以"—"号填列)			
二、营业利润(亏损以"—"号填列)		90770	
加:营业外收入		4500	
减:营业外支出		3300	
其中:非流动资产处置净损失(净收益以"—"号填列)			
三、利润总额(亏损总额以"—"号填列)		91970	
减:所得税		22992.5	
四、净利润(净亏损以"—"号填列)		68977.5	

附录

会计基础工作规范

(1996 年 6 月 17 日财政部财会字 19 号发布)

第一章　总　则

第一条　为了加强会计基础工作,建立规范的会计工作秩序,提高会计工作水平,根据《中华人民共和国会计法》的有关规定,制定本规范。

第二条　国家机关、社会团体、企业、事业单位、个体工商户和其他组织的会计基础工作,应当符合本规范的规定。

第三条　各单位应当依据有关法律、法规和本规范的规定,加强会计基础工作,严格执行会计法规制度,保证会计工作依法有序地进行。

第四条　单位领导人对本单位的会计基础工作负有领导责任。

第五条　各省,自治区、直辖市财政厅(局)要加强对会计基础工作的管理和指导,通过政策引导、经验交流、监督检查等措施,促进基层单位加强会计基础工作,不断提高会计工作水平。国务院各业务主管部门根据职责权限管理本部门的会计基础工作。

第二章　会计机构和会计人员

第一节　会计机构设置和会计人员配备

第六条　各单位应当根据会计业务的需要设置会计机构;不具备单独设置会计机构条件的,应当在有关机构中配人员。事业行政单位会计机构的设置和会计人员的配备,应当符合国家统一事业行政单位会计制度的规定。设置会计机构,应当配备会计机构负责人;在有关机构中配备专职会计人员,应当在专职会计人员中指定会计主管人员。会计机构负责人、会计主管人员的任免,应当符合《中华人民共和国会计法》和有关法律的规定。

第七条　会计机构负责人、会计主管人员应当具备下列基本条件:

(一)坚持原则,廉洁奉公。

(二)具有会计专业技术资格。

(三)主管一个单位或者单位内一个重要方面的财务会计工作时间不少于 2 年。

(四)熟悉国家财经法律、法规、规章和方针、政策,掌握本行业业务管理的有关知识。

(五)有较强的组织能力。

(六)身体状况能够适应本职工作的要求。

第八条　没有设置会计机构和配备会计人员的单位,应当根据《代理记账管理暂行办法》委托会计师事务所或者持有代理记账许可证书的其他代理记账机构进行代理记账。

第九条　大中型企业、事业单位、业务主管部门应当根据法律和国家有关规定设置总会计师。总会计师由具有会计师以上专业技术资格的人员担任。总会计师行使《总会计师条例》规定的职责、权限。总会计师的任命(聘任)、免职(解聘)依照《总会计师条例》和有关法律的规定办理。

第十条 各单位应当根据会计业务需要配备持有会计证的会计人员。未取得会计证的人员,不得从事会计工作。

第十一条 各单位应当根据会计业务需要设置会计工作岗位。会计工作岗位上般可分为:会计机构负责人或者会计主管人员、出纳、财产物资核算、工资核算、成本费用核算;财务成果核算、资金核算、往来结算、总账报表、稽核、档案管理等。开展会计电算化和管理会计的单位,可以根据需要设置相应工作岗位,也可以与其他工作岗位相结合。

第十二条 会计工作岗位,可以一人一岗、一人多岗或者一岗多人。但出纳人员不得兼管审核、会计档案保管和收入、费用、债权债务账目的登记工作。

第十三条 会计人员的工作岗位应当有计划地进行轮换。

第十四条 会计人员应当具备必要的专业知识和专业技能,熟悉国家有关法律、法规,规章和国家统一会计制度,遵守职业道德。会计人员应当按照国家有关规定参加会计业务的培训。各单位应当合理安排会计人员的培训,保证会计人员每年有一定时间用于学习和参加培训。

第十五条 各单位领导人应当支持会计机构、会计人员依法行使职权;对忠于职守,坚持原则,做出显著成绩的会计机构、会计人员,应当给予精神的和物质的奖励。

第十六条 国家机关、国有企业、事业单位任用会计人员应当实行回避制度。单位领导人的直系亲属不得担任本单位的会计机构负责人、会计主管人员。会计机构负责人、会计主管人员的直系亲属不得在本单位会计机构中担任出纳工作。需要回避的直系亲属为:夫妻关系、直系血亲关系、三代以内旁系血亲以及配偶亲关系。

第二节　会计人员职业道德

第十七条 会计人员在会计工作中应当遵守职业道德,树立良好的职业品质、严谨的工作作风,严守工作纪律,努力提高工作效率和工作质量。

第十八条 会计人员应当热爱本职工作,努力钻研业务,使自己的知识和技能适应所从事工作的要求。

第十九条 会计人员应当熟悉财经法律、法规、规章和国家统一会计制度,并结合会计工作进行广泛宣传。

第二十条 会计人员应当按照会计法律、法规和国家统一会计制度规定的程序和要求进行会计工作,保证所提供的会计信息合法、真实、准确、及时、完整。

第二十一条 会计人员办理会计事务应当实事求是、客观公正。

第二十二条 会计人员应当熟悉本单位的生产经营和业务管理情况,运用掌握的会计信息和会计方法,为改善单位内部管理、提高经济效益服务。

第二十三条 会计人员应当保守本单位的商业秘密。除法律规定和单位领导人同意外,不能私自向外界提供或者泄露单位的会计信息。

第二十四条 财政部门、业务主管部门和各单位应当定期检查会计人员遵守职业道德的情况,并作为会计人员晋升、晋级、聘任专业职务、表彰奖励的重要考核依据。会计人员违反职业道德的,由所在单位进行处罚;情节严重的,由会计证发证机关吊销其会计证。

第三节　会计工作交接

第二十五条 会计人员工作调动或者因故离职,必须将本人所经管的会计工作全部移交给接替人员。没有办清交接手续的,不得调动或者离职。

第二十六条   接替人员应当认真接管移交工作,并继续办理移交的未了事项。

第二十七条   会计人员办理移交手续前,必须及时做好以下工作:

(一)已经受理的经济业务尚未填制会计凭证的,应当填制完毕。

(二)尚未登记的账目,应当登记完毕,并在最后一笔余额后加盖经办人员印章。

(三)整理应该移交的各项资料,对未了事项写出书面材料。

(四)编制移交清册,列明应当移交的会计凭证、会计账簿、会计报表、印章、现金、有价证券、支票簿、发票、文件、其他会计资料和物品等内容;实行会计电算化的单位,从事该项工作的移交人员还应当在移交清册中列明会计软件及密码、会计软件数据磁盘(磁带等)及有关资料、实物等内容。

第二十八条   会计人员办理交接手续,必须有监交人负责监交。一般会计人员交接,由单位会计机构负责人、会计主管人员负责监交;会计机构负责人、会计主管人员交接,由单位领导人负责监交,必要时可由上级主管部门派人会同监交。

第二十九条   移交人员在办理移交时,要按移交清册逐项移交;接替人员要逐项核对点收。

(一)现金、有价证券要根据会计账簿有关记录进行点交。库存现金、有价证券必须与会计账簿记录保持一致。不一致时,移交人员必须限期查清。

(二)会计凭证、会计账簿、会计报表和其他会计资料必须完整无缺。如有短缺,必须查清原因,并在移交清册中注明,由移交人员负责。

(三)银行存款帐户余额要与银行对账单核对,如不一致,应当编制银行存款余额调节表调节相符,各种财产物资和债权债务的明细账户余额要与总账有关账户余额核对相符;必要时,要抽查个别账户的余额,与实物核对相符,或者与往来单位、个人核对清楚。

(四)移交人员经管的票据、印章和其他实物等,必须交接清楚;移交人员从事会计电算化工作的,要对有关电子数据在实际操作状态下进行交接。

第三十条   会计机构负责人、会计主管人员移交时,还必须将全部财务会计工作、重大财务收支和会计人员的情况等,向接替人员详细介绍。对需要移交的遗留问题,应当写出书面材料。

第三十一条   交接完毕后,交接双方和监交人员要在移交注册上签名或者盖章,并应在移交注册上注明:单位名称,交接日期,交接双方和监交人员的职务、姓名,移交清册页数以及需要说明的问题和意见等。移交清册一般应当填制一式三份,交接双方各执一份,存档一份。

第三十二条   接替人员应当继续使用移交的会计账簿,不得自行另立新账,以保持会计记录的连续性。

第三十三条   会计人员临时离职或者因病不能工作且需要接替或者代理的,会计机构负责人、会计主管人员或者单位领导人必须指定有关人员接替或者代理,并办理交接手续。临时离职或者因病不能工作的会计人员恢复工作的,应当与接替或者代理人员办理交接手续。移交人员因病或者其他特殊原因不能亲自办理移交的,经单位领导人批准,可由移交人员委托他人代办移交,但委托人应当承担本规范第三十五条规定的责任。

第三十四条   单位撤销时,必须留有必要的会计人员,会同有关人员办理清理工作,编制决算。未移交前,不得离职。接收单位和移交日期由主管部门确定。单位合并、分立的,其会计工作交接手续比照上述有关规定办理。

第三十五条 移交人员对所移交的会计凭证、会计账簿、会计报表和其他有关资料的合法性、真实性承担法律责任。

第三章 会 计 核 算

第一节 会计核算一般要求

第三十六条 各单位应当按照《中华人民共和国会计法》和国家统一会计制度的规定建立会计账册,进行会计核算,及时提供合法、真实、准确、完整的会计信息。

第三十七条 各单位发生的下列事项,应当及时办理会计手续、进行会计核算:

(一)款项和有价证券的收付。

(二)财物的收发、增减和使用。

(三)债权债务的发生和结算。

(四)资本、基金的增减。

(五)收入、支出、费用、成本的计算。

(六)财务成果的计算和处理。

(七)其他需要办理会计手续、进行会计核算的事项。

第三十八条 各单位的会计核算应当以实际发生的经济业务为依据,按照规定的会计处理方法进行,保证会计指标的口径一致、相互可比和会计处理方法的前后各期相一致。

第三十九条 会计年度自公历 1 月 1 日起至 12 月 31 日止。

第四十条 会计核算以人民币为记账本位币。收支业务以外国货币为主的单位,也可以选定某种外国货币作为记账本位币,但是编制的会计报表应当折算为人民币反映。境外单位向国内有关部门编报的会计报表,应当折算为人民币反映。

第四十一条 各单位根据国家统一会计制度的要求,在不影响会计核算要求、会计报表指标汇总和对外统一会计报表的前提下,可以根据实际情况自行设置和使用会计科目。事业行政单位会计科目的设置和使用,应当符合国家统一事业行政单位会计制度的规定。

第四十二条 会计凭证、会计账簿、会计报表和其他会计资料的内容和要求必须符合国家统一会计制度的规定,不得伪造、变造会计凭证和会计账簿,不得设置账外账,不得报送虚假会计报表。

第四十三条 各单位对外报送的会计报表格式由财政部统一规定。

第四十四条 实行会计电算化的单位,对使用的会计软件及其生成的会计凭证、会计账簿。会计报表和其他会计资料的要求,应当符合财政部关于会计电算化的有关规定。

第四十五条 各单位的会计凭证、会计账簿、会计报表和其他会计资料,应当建立档案,妥善保管。会计档案建档要求、保管期限、销毁办法等依据《会计档案管理办法》的规定进行。实行会计电算化的单位,有关电子数据、会计软件资料等应当作为会计档案进行管理。

第四十六条 会计记录的文字应当使用中文,少数民族自治地区可以同时使用少数民族文字。中国境内的外商投资企业、外国企业和其他外国经济组织也可以同时使用某种外国文字。

第二节　填制会计凭证

第四十七条　各单位办理本规范第三十七条规定的事项,必须取得或者填制原始凭证,并及时送交会计机构。

第四十八条　原始凭证的基本要求是:

(一)原始凭证的内容必须具备:凭证的名称;填制凭证的日期;填制凭证单位名称或者填制人姓名;经办人员的签名或者盖章;接受凭证单位名称;经济业务内容;数量、单价和金额。

(二)从外单位取得的原始凭证,必须盖有填制单位的公章;从个人取得的原始凭证,必须有填制人员的签名或者盖章。自制原始凭证必须有经办单位领导人或者其指定的人员签名或者盖章。对外开出的原始凭证,必须加盖本单位公章。

(三)凡填有大写和小写金额的原始凭证,大写与小写金额必须相符。购买实物的原始凭证,必须有验收证明。支付款项的原始凭证。必须有收款单位和收款人的收款证明。

(四)一式几联的原始凭证,应当注明各联的用途,只能以一联作为报销凭证。一式几联的发票和收据,必须用双面复写纸(发票和收据本身具备复写纸功能的除外)套写,并连续编号。作废时应当加盖"作废"戳记,连同存根一起保存,不得撕毁。

(五)发生销货退回的,除填制退货发票外,还必须有退货验收证明;退款时,必须取得对方的收款收据或者汇款银行的凭证,不得以退货发票代替收据。

(六)职工公出借款凭据,必须附在记账凭证之后。收回借款时,应当另开收据或者退还借据副本,不得退还原借款收据。

(七)经上级有关部门批准的经济业务,应当将批准文件作为原始凭证附件:如果批准文件需要单独归档的,应当在凭证上注明批准机关名称、日期和文件字号。

第四十九条　原始凭证不得涂改、挖补。发现原始凭证有错误的,应当由开出单位重开或者更正,更正处应当加盖开出单位的公章。

第五十条　会计机构、会计人员要根据审核无误的原始凭证填制记账凭证。记账凭证可以分为收款凭证、付款凭证和转账凭证,也可以使用通用记账凭证。

第五十一条　记账凭证的基本要求是:

(一)记账凭证的内容必须具备:填制凭证的日期;凭证编号;经济业务摘要;会计科目;金额;所附原始凭证张数;填制凭证人员、稽核人员、记账人员、会计机构负责人、会计主管人员签名或者盖章。收款和付款记账凭证还应当由出纳人员签名或者盖章。以自制的原始凭证或者原始凭证汇总表代替记账凭证的,也必须具备记账凭证应有的项目。

(二)填制记账凭证时,应当对记账凭证进行连续编号。一笔经济业务需要填制两张以上记账凭证的,可以采用分数编号法编号。

(三)记账凭证可以根据每一张原始凭证填制,或者根据若干张同类原始凭证汇总填制,也可以根据原始凭证汇总表填制。但不得将不同内容和类别的原始凭证汇总填制在一张记账凭证上。

(四)除结账和更正错误的记账凭证可以不附原始凭证外,其他记账凭证必须附有原始凭证。如果一张原始凭证涉及几张记账凭证,可以把原始凭证附在一张主要的记账凭证后面,并在其他记账凭证上注明附有该原始凭证的记账凭证的编号或者附原始凭证复印机。一张复始凭证所列支出需要几个单位共同负担的,应当将其他单位负担的部分,开给对方原始凭证分割单,进行结算。原始凭证分割单必须具备原始凭证的基本内容:凭证名称、填制凭证日期、填制凭证单位名称或者填制人姓名、经办人的签名或者盖章、接受凭证单位名称、经济业务内容、数量、单价、金额和费用分摊情况等。

(五)如果在填制记账凭证时发生错误,应当重新填制。已经登记入账的记账凭证,在当年内发现填写错误时,可以用红字填写一张与原内容相同的记账凭证,在摘要栏注明"注销某月某日某号凭证"字样,同时再用蓝字重新填制一张正确的记账凭证,注明"订正某月某日某号凭证"字样。如果会计科目没有错误,只是金额错误,也可以将正确数字与错误数字之间的差额,另编一张调整的记账凭证,调增金额用蓝字,调减金额用红字。发现以前年度记账凭证有错误的,应当用蓝字填制一张更正的记账凭证。

(六)记账凭证填制完经济业务事项后,如有空行,应当自金额栏最后一笔金额数字下的空行处至合计数上的空行处划线注销。

第五十二条 填制会计凭证,字迹必须清晰、工整,并符合下列要求:

(一)阿拉伯数字应当一个一个地写,不得连笔写。阿拉伯金额数字前面应当书写货币市种符号或者货币名称简写和市种符号。币种符号与阿拉伯金额数字之间不得留有空白。凡阿拉伯数字前写有币种符号的,数字后面不再写货币单位。

(二)所有以元为单位(其他货币种类为货币基本单位,下同)的阿拉伯数字,除表示单价等情况外,一律填写到角分;元角分的,角位和分位可写"00",或者符号"——";有角无分的,分位应当写"0",不得用符号"——"代替。

(三)汉字大写数字金额如零、壹、贰、叁、肆、伍、陆、柒、捌、玖、拾、佰、仟、万、亿等,一律用正楷或者行书体书写,不得用0、一、二、三、四、五、六、七、八、九、十等简化字代替,不得任意自造简化字。大写金额数字到元或者角为止的,在"元"或者"角"字之后应当写"整"字或者"正"字;大写金额数字有分的,分字后面不写"整"或者"正"字。

(四)大写金额数字前未印有货币名称的,应当加填货币名称,货币名称与金额数字之间不得留有空白。

(五)阿拉伯金额数字中间有"0"时,汉字大写金额要写"零"字;阿拉伯数字金额中间连续有几个"0"时,汉字大写金额中可以只写一个"零"字;阿拉伯金额数字元位是"0",或者数字中间连续有几个"0"、元位也是"0"但角位不是"0"时,汉字大写金额可以只写一个"零"字,也可以不写"零"字。

第五十三条 实行会计电算化的单位,对于机制记账凭证,要认真审核,做到会计科目使用正确,数字准确无误。打印出的机制记账凭证要加盖制单人员、审核人员、记账人员及会计机构负责人、会计主管人员印章或者签字。

第五十四条 各单位会计凭证的传递程序应当科学、合理,具体办法由各单位根据会计业务需要自行规定。

第五十五条 会计机构、会计人员要妥善保管会计凭证。

(一)会计凭证应当及时传递,不得积压。

(二)会计凭证登记完毕后,应当按照分类和编号顺序保管,不得散乱丢失。

(三)记账凭证应当连同所附的原始凭证或者原始凭证汇总表,按照编号顺序,折叠整齐,按期装订成册,并加具封面,注明单位名称、年度、月份和起讫日期、凭证种类、起讫

栏内注明"本月合计"字样,并在下面通栏划单红线。需要结出本年累计发生额的,应当在摘要栏内注明"本年累计"字样,并在下面通栏划单红线;12月末的"本年累计"就是全年累计发生额。全年累计发生额下面应当通栏划双红线。年度终了结账时,所有总账账户都应当结出全年发生额和年末余额。

（三）年度终了,要把各账户的余额结转到下一会计年度,并在摘要栏注明"结转下年"字样;在下一会计年度新建有关会计账簿的第一行余额栏内填写上年结转的余额,并在摘要栏注明"上年结转"字样。

第四节　编制财务报告

第六十五条　各单位必须按照国家统一会计制度的规定,定期编制财务报告。财务报告包括会计报表及其说明。会计报表包括会计报表主表、会计报表附表、会计报表附注。

第六十六条　各单位对外报送的财务报告应当根据国家统一会计制度规定的格式和要求编制。单位内部使用的财务报告,其格式和要求由各单位自行规定。

第六十七条　会计报表应当根据登记完整、核对无误的会计账簿记录和其他有关资料编制,做到数字真实、计算准确、内容完整、说明清楚。任何人不得篡改或者授意、指使、强令他人篡改会计报表的有关数字。

第六十八条　会计报表之间、会计报表各项目之间,凡有对应关系的数字,应当相互一致。本期会计报表与上期会计报表之间有关的数字应当相互衔接。如果不同会计年度会计报表中各项目的内容和核算方法有变更的,应当在年度会计报表中加以说明。

第六十九条　各单位应当按照国家统一会计制度的规定认真编写会计报表附注及其说明,做到项目齐全,内容完整。

第七十条　各单位应当按照国家规定的期限对外报送财务报告。对外报送的财务报告,应当依次编定页码,加具封面,装订成册,加盖公章。封面上应当注明:单位名称,单位地址,财务报告所属年度、季度、月度,送出日期,并由单位领导人、总会计师、会计机构负责人、会计主管人员签名或者盖章。单位领导人对财务报告的合法性、真实性负法律责任。

第七十一条　根据法律和国家有关规定应当对财务报告进行审计的,则务报告编制单位应当先行委托注册会计师进行审计,并将注册会计师出具的审计报告随同财务报告按照规定的期限报送有关部门。

第七十二条　如果发现对外报送的财务报告有错误,应当及时办理更正手续。除更正本单位留存的财务报告外,并应同时通知接受财务报告的单位更正。错误较多的,应当重新编报。

第四章　会　计　监　督

第七十三条　各单位的会计机构、会计人员对本单位的经济活动进行会计监督。

第七十四条　会计机构、会计人员进行会计监督的依据是:

（一）财经法律、法规、规章。

（二）会计法律、法规和国家统一会计制度。

（三）各省、自治区、直辖市财政厅（局）和国务院业务主管部门根据《中华人民共和国会计法》和国家统一会计制度制定的具体实施办法或者补充规定。

（四）各单位根据《中华人民共和国会计法》和国家统一会计制度制定的单位内部会计管理制度。

（五）各单位内部的预算、财务计划、经济计划、业务计划。

第七十五条　会计机构、会计人员应当对原始凭证进行审核和监督。对不真实、不合法的原始凭证，不予受理。对弄虚作假、严重违法的原始凭证，在不予受理的同时，应当予以扣留，并及时向单位领导人报告，请求查明原因，追究当事人的责任。对记载不明确、不完整的原始凭证，予以退回，要求经办人员更正、补充。

第七十六条　会计机构、会计人员对伪造、变造、故意毁灭会计账簿或者账外设账行为，应当制止和纠正；制止和纠正无效的，应当向上级主管单位报告，请求作出处理。

第七十七条　会计机构、会计人员应当对实物、款项进行监督，督促建立并严格执行财产清查制度。发现账簿记录与实物、款项不符时，应当按照国家有关规定进行处理。超出会计机构、会计人员职权范围的，应当立即向本单位领导报告，请求查明原因，作出处理。

第七十八条　会计机构、会计人员对指使、强令编造、篡改财务报告行为，应当制止和纠正；制止和纠正无效的，应当向上级主管单位报告，请求处理。

第七十九条　会计机构、会计人员应当对财务收支进行监督。

（一）对审批手续不全的财务收支，应当退回，要求补充、更正。

（二）对违反规定不纳入单位统一会计核算的财务收支，应当制止和纠正。

（三）对违反国家统一的财政、财务、会计制度规定的财务收支，不予办理。

（四）对认为是违反国家统一的财政、财务、会计制度规定的财务收支。应当制止和纠正；制止和纠正无效的，应当向单位领导人提出书面意见请求处理。单位领导人应当在接到书面意见起十日内作出书面决定，并对决定承担责任。

（五）对违反国家统一的财政、财务、会计制度规定的财务收支，不予制止和纠正，又不向单位领导人提出书面意见的，也应当承担责任。

（六）对严重违反国家利益和社会公众利益的财务收支，应当向主管单位或者财政、审计、税务机关报告。

第八十条　会计机构、会计人员对违反单位内部会计管理制度的经济活动，应当制止和纠正；制止和纠正无效的，向单位领导人报告，请求处理。

第八十一条　会计机构、会计人员应当对单位制定的预算、财务计划、经济计划、业务计划的执行情况进行监督。

第八十二条　各单位必须依照法律和国家有关规定接受财政、审计、税务等机关的监督，如实提供会计凭证、会计账簿、会计报表和其他会计资料以及有关情况，不得拒绝、隐匿、谎报。

第八十三条　按照法律规定应当委托注册会计师进行审计的单位，应当委托注册会计师进行审计，并配合注册会计师的工作，如实提供会计凭证、会计账簿、会计报表和其他会计资料以及有关情况，不得拒绝、隐匿、谎报；不得示意注册会计师出具不当的审计报告。

第五章　内部会计管理制度

第八十四条　各单位应当根据《中华人民共和国会计法》和国家统一会计制度的规定,结合单位类型和内容管理的需要,建立健全相应的内部会计管理制度。

第八十五条　各单位制定内部会计管理制度应当遵循下列原则:

(一)应当执行法律、法规和国家统一的财务会计制度。

(二)应当体现本单位的生产经营、业务管理的特点和要求。

(三)应当全面规范本单位的各项会计工作,建立健全会计基础,保证会计工作的有序进行。

(四)应当科学、合理,便于操作和执行。

(五)应当定期检查执行情况。

(六)应当根据管理需要和执行中的问题不断完善。

第八十六条　各单位应当建立内部会计管理体系。主要内容包括:单位领导人、总会计师对会计工作的领导职责;会计部门及其会计机构负责人、会计主管人员的职责、权限;会计部门与其他职能部门的关系;会计核算的组织形式等。

第八十七条　各单位应当建立会计人员岗位责任制度。主要内容包括:会计人员的工作岗位设置;各会计工作岗位的职责和标准;各会计工作岗位的人员和具体分工;会计工作岗位轮换办法;对各会计工作岗位的考核办法。

第八十八条　各单位应当建立账务处理程序制度。主要内容包括:会计科目及其明细科目的设置和使用;会计凭证的格式、审核要求和传递程序;会计核算方法;会计账簿的设置;编制会计报表的种类和要求;单位会计指标体系。

第八十九条　各单位应当建立内部牵制制度。主要内容包括:内部牵制制度的原则;组织分工;出纳岗位的职责和限制条件;有关岗位的职责和权限。

第九十条　各单位应当建立稽核制度。主要内容包括:稽核工作的组织形式和具体分工;稽核工作的职责、权限;审核会计凭证和复核会计账簿、会计报表的方法。

第九十一条　各单位应当建立原始记录管理制度。主要内容包括:原始记录的内容和填制方法;原始记录的格式;原始记录的审核;原始记录填制人的责任;原始记录签署;传递、汇集要求。

第九十二条　各单位应当建立定额管理制度。主要内容包括:定额管理的范围;制定和修订定额的依据、程序和方法;定额的执行;定额考核和奖惩办法等。

第九十三条　各单位应当建立计量验收制度。主要内容包括:计量检测手段和方法;计量验收管理的要求;计量验收人员的责任和奖惩办法。

第九十四条　各单位应当建立财产清查制度。主要内容包括:财产清查的范围;财产清查的组织;时产清查的期限和方法;对财产清查中发现问题的处理办法;对财产管理人员的奖惩办法。

第九十五条　各单位应当建立财务收支审批制度。主要内容包括:财务收支审批人员和审批权限;财务收支审批程序;财务收支审批人员的责任。

第九十六条　实行成本核算的单位应当建立成本核算制度。主要内容包括:成本核算的对象;成本核算的方法和程序;成本、分析等。

第九十七条 各单位应当建立财务会计分析制度。主要内容包括:财务会计分析的主要内容;财务会计分析的基本要求和组织程序;财务会计分析的具体方法;财务会计分析报告的编写要求等。

第六章 附 则

第九十八条 本规范所称国家统一会计制度,是指由财政部制定、或者财政部与国务院有关部门联合制定,或者经财政部审核批准的在全国范围内统一执行的会计规章、准则、办法等规范性文件。本规范所称会计主管人员,是指不设置会计机构、只在其他机构中设置专职会计人员的单位行使会计机构负责人职权的人员。本规范第三章第二节和第三节关于填制会计凭证、登记会计账簿的规定,除特别指出外,一般适用于手工记账。实行会计电算化的单位,填制会计凭证和登记会计账簿的有关要求,应当符合财政部关于会计电算化的有关规定。

第九十九条 各省、自治区、直辖市财政厅(局)、国务院各业务主管部门可以根据本规范的原则,结合本地区、本部门的具体情况,制定具体实施办法,报财政部备案。

第一百条 本规范由财政部负责解释、修改。

第一百零一条 本规范自公布之日起实施。1984 年 4 月 24 日财政部发布的《会计人员工作规则》同时废止。

参 考 文 献

［1］ 中华人民共和国财政部. 会计基础工作规范. 北京:经济科学出版社,1996.
［2］ 中华人民共和国财政部. 企业会计制度. 北京:经济科学出版社,2000.
［3］ 江苏会计从业资格考试研究编审核组. 会计从业资格考试应试习题集. 北京:经济科学出版社,2011.
［4］ 何华芬. 会计基础. 北京:中国铁道出版社,2009.
［5］ 何华芬. 会计基础与会计电算化习题集. 北京:中国铁道出版社,2009.
［6］ 郭慧云. 基础会计. 大连:东北财经大学出版社,2008.
［7］ 郭慧云. 基础会计习题集. 北京:经济科学出版社,2008.